イメージでわかる 日本語の副詞

Understanding Japanese Adverbs Through Images!
一看就懂！日语的副词
Phó từ trong tiếng Nhật! Học qua hình ảnh

朴 秀 娟 著

ask

はじめに

　文を作るとき、副詞はわき役ですが、大きな力を発揮します。例えば、「やっとできた！」と言うと、「できた！」だけでは伝えられない、できるまで頑張った様子を伝えることができます。また、「せっかく誘ってくれたのに、行けなくてごめんね」のように「せっかく」を使って断ると、誘ってくれた相手を労う気持ちを表すことができます。しかし、日本語の授業で副詞だけを勉強することはあまりありません。特定の文型を勉強するときにあわせて勉強したり、単語リストで意味を確認するだけで終わってしまったりすることが多いように思います。もちろん、それほど時間や労力をかけなくてもすぐに使えるようになる副詞もありますが、なかには、上級になってもなかなか使えるようにならなかったり、使えたとしても適切な使い方ではなかったりする副詞もあります。初級で習った特定の副詞ばかり使っている学習者もよく見かけます。一方で、授業時間は限られているので、意味だけでなく形の変え方まで覚えなければならない動詞や形容詞と同じようには、副詞に時間をかけられないという現状も無視できません。そのような状況の中で、どのようにすれば、限られた時間の中で副詞を効果的に教えることができたり、学習者が一人でも副詞を学んだりできるのかを悩んでいました。そのとき、アスク出版の秦野由衣氏から「イメージで学べる副詞のテキストを作ってみませんか」というお声がけがあり、このテキストは出来上がりました。

　本テキストでは、初級から中級までの間に扱われることの多い副詞を取り上げています。意味的に同じカテゴリーに入る副詞（第1章）、意味が類似している副詞（第2章）、その他初級〜中級で取り上げられることの多い個々の副詞（第3章）の三つに分け、イメージ図やイラストをふんだんに使った説明を試みました。わき役だけど大きな仕事をする副詞をシンプルな図形で説明するのは大変で、頭を悩ませたことも多くありましたが、楽しい挑戦でした。この試みが学習者や日本語教師のみなさんの副詞の学習や指導に少しでも役に立つことを強く願っています。

　最後に、本テキストの企画から刊行に至るまで様々な形できめ細かにサポートおよびアドバイスをしてくださった秦野由衣氏に心より感謝申し上げたいと思います。また、何度もイラストを修正してくださったうてのての氏、仕上げの段階で新しく編集作業に就いてくださった泉菜摘氏にも御礼申し上げます。

2024 年 12 月

朴　秀娟

目次
<ruby>目<rt>もく</rt></ruby><ruby>次<rt>じ</rt></ruby>

第3章　イメージしながら覚えよう　69
だい　　しょう　　　　　　　　　　　　　　おぼ

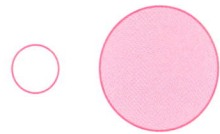

第**4**章　確認しよう 副詞の使い分け　　93
だい　しょう　かく にん　　　　　ふく し　つか わ

総合練習問題
そう ごう れん しゅう もん だい

副詞って何？

ふくし　　　なに

What are adverbs?

副词是什么?

Phó từ là gì?

副詞は、文の中にあるほかの単語の意味をくわしく説明する言葉です。程度、量、頻度、時間、様子、気持ちを表す副詞があります。

Adverbs are words that provide more detail about other words in a sentence. There are adverbs that express degree, quantity, frequency, time, manner, and feeling.

副词是详细说明句子中其他词语的意思的词。有表示程度, 数量, 频度, 时间, 状态, 心情的副词。

Phó từ là những từ dùng để giải thích rõ nghĩa của các từ khác trong câu. Có các phó từ chỉ mức độ, số lượng, tần suất, thời gian, trạng thái và cảm xúc

| 程度 | この映画は**とても**おもしろいです。 |

| 量 | 水を**たくさん**飲んでください。 |

| 頻度 | 寝る前、**いつも**本を読みます。 |

| 時間 | **さっき**、田中さんに会いました。 |

| 様子 | 駅まで**いっしょに**帰りませんか。 |

| 気持ち | 山本さんは**たぶん**図書館にいると思います。 |

次のように、一つの副詞が二つ以上表すこともあります。

One adverb can express more than one thing, as follows:

像下面这样, 一个副词也有表示两种以上的情况。

Một phó từ có thể hiển thị hai hay nhiều ý nghĩa như sau

例）けっこう

| 程度 | 昨日のテストは、**けっこう**難しかったです。 |

| 量 | 今日は、朝ご飯を**けっこう**食べました。 |

このテキストでは、程度、量、頻度、時間、様子、気持ちを表す副詞が全部出てきます。それぞれの副詞の左上に、何を表す副詞か書いてありますので、気になる人はチェックしてみてください。

In this textbook, adverbs that express degree, quantity, frequency, time, manner, and feeling are all introduced. Each adverb has an explanation of its type in the upper left corner. If you are interested, please check it out.

在这本书中,表示程度, 数量, 频度, 时间, 状态, 心情的副词都会出现。每个副词的左上方都写着是表示什么的副词,感兴趣的人可以看看。

Trong tài liệu này, xuất hiện tất cả các phó từ chỉ mức độ, số lượng, tần suất, thời gian, trạng thái và cảm xúc. Phía trên, bên trái của mỗi phó từ sẽ ghi rõ trạng từ này hiển thị điều gì, vì vậy nếu bạn quan tâm, xin hãy kiểm tra.

副詞を上手に使うと…
ふく し じょう ず つか

If you use adverbs well...
如果能够巧妙地使用副词…
Nếu bạn sử dụng phó từ một cách thành thạo...

A と B をくらべてみましょう。　Let's compare A and B.／比较一下 A 和 B。／Hãy so sánh A và B.

A

先生

答えが
こた
わかりませんでした

？

ケビン

1

うーん。
もう少し自分で
すこ じぶん
考えられますか
かんが

2

1 I couldn't figure out the answer.／我不懂。／Tôi đã không hiểu câu trả lời.
2 Hmm. Can you try to figure it out a little more on your own?／嗯…你能自己再想一想吗？／Ừm. Bạn có thể tự mình suy nghĩ thêm một tí nữa không?

B

先生

答えが **どうしても**
こた
わかりませんでした

？

ケビン

1

それはですね…

！

2

1 I really couldn't figure out the answer.／我怎么也不懂。／Dù thế nào đi nữa thì tôi cũng không hiểu câu trả lời
2 Well, that is...／这个是这样的…／Điều đó thì …

A でも B でもケビンさんは答えがわからなかったと言っているのに、先生の返事が違います。
い
どうして違うと思いますか。B では「**どうしても**」という副詞を使って「頑張ったけどできない気
ちが おも ふく し つか がん ば き
持ち」を表しているからです。副詞を一つ足すだけで、自分の想いや考えを効果的に伝えるこ
も あらわ ふく し ひと た じぶん おも かんが こう か てき つた
とができます。

Even though Kevin said he couldn't figure out the answer in either A or B, the teacher's responses were different. Why do you think they were different? In B, the adverb "どうしても" expresses the feeling that "I tried hard, but I couldn't do it." You can effectively convey your thoughts and ideas by simply adding one adverb.

在A和B中，明明ケビン同学说的都是不懂，但老师的回答却不一样。你觉得为什么会不一样呢？这是因为句子B中使用了"どうしても"这个副词来表达"虽然努力了，但还是不懂的心情"。仅仅是添加了一个副词，就能够有效地表达自己的想法和观点。

Cả A hay B, Kevin đều nói rằng anh ấy không hiểu câu trả lời, nhưng phản hồi của giáo viên lại khác. Tại sao lại khác nhau như vậy? Trong phần B, từ 'どうしても' được sử dụng để diễn đạt cảm xúc 'đã cố gắng nhưng không thể'. Chỉ cần thêm một phó từ, bạn có thể truyền đạt ý nghĩ và cảm xúc của mình một cách hiệu quả."

それでは、「どうしても」をほかの副詞に変えてみましょう。

Now, let's change "どうしても" to another adverb. ／那么，我们把"どうしても"换成其他的副词看一下。／Vậy thì, hãy thử thay thế từ 'どうしても' bằng các phó từ khác.

1 I couldn't figure out the answer very well. ／我不怎么懂。／Tôi không hiểu câu trả lời lắm.
2 Which was difficult for you? ／你哪里不懂？／Bạn không hiểu phần nào?

どうして先生は「どこがわかりませんでしたか」と答えたと思いますか。それは、ケビンさんが「**あまり**」を使っているからです。「**あまり**」を使うと、答えが少ししかわからなかった（＝答えがわかったところもある）ことを表します。「答えがわかりませんでした」は、わからなかったということだけを伝えます。でも、「**あまり**」を使うと、どのくらいわからなかったのかについても伝えることができます。

Why do you think the teacher responded, "Which was difficult for you?" That's because Kevin uses the word "あまり." Using "あまり" in this sentence implies that he could only answer partially (= he could answer some of it). "答えがわかりませんでした" only conveys the fact that he could not answer. However, by using 'あまり' it can also convey the extent to which he could answer.

你觉得为什么老师会回答"你哪里不懂"？那是因为ケビン同学用了"あまり"。用"あまり"的话，就表示只懂一点点（也就是说，也有懂的地方）。"答えがわかりませんでした"，表达的只是不懂的意思。但是，用"あまり"的话，也可以表达有多少不懂。

Bạn nghĩ tại sao giáo viên lại trả lời 'Bạn không hiểu phần nào?Đó là vì Kevin đã sử dụng từ 'あまり'.Khi sử dụng từ 'あまり', điều đó biểu thị rằng người nói chỉ hiểu một phần nào đó của câu trả lời (có nghĩa là cũng có những phần mà họ đã hiểu)."Câu 「答えがわかりませんでした」 chỉ truyền đạt việc đã không hiểu."Nhưng khi sử dụng từ 'あまり', bạn có thể truyền đạt được mức độ mà bạn không hiểu đến đâu

このように、副詞を上手に使うと、自分の想いや考えを効果的に伝えられるようになります。また、短い文でも言いたいことを正しく伝えられるようになります。みなさんも副詞をマスターして、言いたいことをしっかり伝えられるようになりましょう！

In this way, you can express your thoughts and feelings effectively by using adverbs. You will also be able to convey what you want to say in short sentences properly. Let's master adverbs and be able to clearly express what you want to say!

像这样，如果能够巧妙地使用副词，就能够有效地表达自己的想法和观点。另外，即使是简短的句子也能准确地表达想说的内容。大家也学好副词，变得能够好好地表达自己想说的内容吧！

Như vậy, nếu bạn sử dụng phó từ một cách thành thạo, bạn có thể truyền đạt suy nghĩ và cảm xúc của mình một cách hiệu quả hơn. Bạn cũng có thể truyền đạt ý muốn của mình một cách chính xác ngay cả trong những câu ngắn. Mong rằng mọi người sẽ nắm rõ các phó từ và có thể truyền đạt ý tưởng của mình một cách rõ ràng!

本書の使い方（学習者の方へ）

このテキストでは、初級と中級の日本語教科書によく出てくる副詞を取り上げて、イメージを使って意味や使い方を説明します。イメージに助けてもらいながら、副詞の意味や使い方を学んでいきましょう。

This text takes up adverbs that often appear in beginner and intermediate Japanese textbooks and uses images to explain their meanings and usage. Let's learn the meaning and usage of adverbs using images.

第1章　くらべながら覚えよう

この章では、同じ場面で使う副詞を取り上げます。まず、イメージ図・例文・イラストを見ながら説明を読んで、それぞれの副詞が表していることをイメージしてみましょう。

In this chapter, we will discuss adverbs that are used in the same situation. First, read the explanation while looking at the images, example sentences, and illustrations, and try to imagine what each adverb represents.

とても

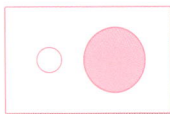

このかばんはとても大きいです。

程度が高いことを表します。
肯定文で使います。

* It indicates a high degree. It is used in an affirmative sentence.
* 表示程度高。在肯定句中使用。
* Hiển thị mức độ cao. Sử dụng trong câu khẳng định.

あまり

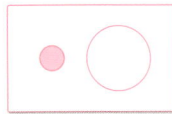

このかばんはあまり大きくないです。

程度が高くないことを表します。
否定文で使います。

* It expresses a low degree. It is used in a negative sentence.
* 表示程度不高。在否定句中使用。
* Hiển thị mức độ không cao. Sử dụng trong câu phủ định.

次に、「確認問題」を解きましょう。Q1 のイラストはイメージ図と似ています。イメージ図とくらべながら解いてみましょう。Q2 で仕上げです。それぞれの副詞が持つイメージを想像しながら、どの副詞を使えばいいか選んでください。

Next, let's solve the "confirmation questions". The illustration for Q1 is similar to the image diagram. Let's solve it by comparing it with the image diagram. Finishing up with Q2. Please choose which adverb to use while imagining the image each adverb has.

Q.1 （　　）に入るのは、「とても」ですか、「あまり」ですか。

1　昨日のパーティーは（　　　　）楽しかったです。

2　昨日のパーティーは（　　　　）楽しくなかったです。

Q.2 正しい副詞を選んでください。

1　私の部屋は｛ とても・あまり ｝広くないです。

2　日本のコンビニは｛ とても・あまり ｝便利です。

3　田中：日本語の勉強はどうですか。

　　キム：｛ とても・あまり ｝難しいですが、おもしろいです。

第2章　違いに注目しながら覚えよう

この章では、お互い意味が似ている副詞を取り上げます。まず、イメージ図・例文・イラストを見ながら、「似ているところ」の説明を読んでください。

In this chapter, we will discuss adverbs that have similar meanings. First, look at the images, example sentences, and illustrations and read the explanation of the "similarities."

次に、「違うところ」と「ココが違う！」にある説明やイラストを見て、違いについて覚えましょう。最後に、違いに注意しながら、「確認問題」で理解を確認しましょう。

Next, look at the explanations and illustrations in "What's different" and "Here's what's different!" to learn about the differences.Finally, check your understanding with "confirmation questions" while paying attention to the differences.

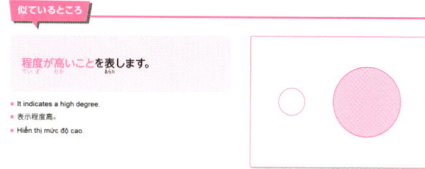

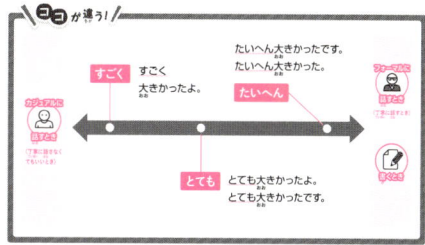

第3章　イメージしながら覚えよう

この章では、副詞を一つずつ取り上げます。イメージ図・例文・イラストを見ながら、その副詞が持つ意味をイメージしてみましょう。イメージできたら、「確認問題」で理解を確認しましょう。

In this chapter, we will discuss adverbs one by one. Try to imagine the meaning of the adverb while looking at the image diagrams, example sentences, and illustrations. Once you have an image in mind, check your understanding with the "confirmation questions".

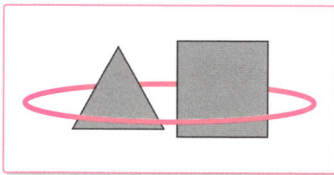

第4章　確認しよう　副詞の使い分け

第1章〜第3章で覚えた副詞の問題が20問ずつ4回分あります。それぞれの副詞が持つイメージを思い浮かべながら解いてみてください。

There are four sessions of 20 questions on the adverbs learned in Chapters 1 to 3. Try to solve the problem while thinking about the image that each adverb has.

副詞を使うと、より豊かな表現ができるようになります。いろいろな副詞を上手に使えるようになりましょう。副詞を覚えるとき、この本で身につけたイメージが役に立つことを願っています！

By using adverbs, you can make richer expressions. Learn to use various adverbs effectively. I hope that the images you have acquired in this book will be useful when you memorize adverbs!

本書の使い方（学習者の方へ）

本书选取了初级和中级日语教科书中经常出现的副词，通过图示来说明其意思和用法。让我们在图示的帮助下去学习副词的意思用法吧。

Trong tài liệu này, chúng ta sẽ xem xét các phó từ thường xuất hiện trong sách giáo khoa tiếng Nhật cấp độ sơ cấp và trung cấp, sử dụng hình ảnh để giải thích ý nghĩa cũng như cách sử dụng. Hãy học ý nghĩa và cách sử dụng của các phó từ với sự hỗ trợ từ hình ảnh.

第1章　くらべながら覚えよう

在这一章中选取了在同一场景中使用的副词。首先，一边看图示，例句，插图一边阅读说明，试着想象每个副词所表达的内容。

Trong chương này, chúng ta sẽ xem xét các phó từ được sử dụng trong cùng một tình huống. Trước tiên, hãy xem câu ví dụ và hình ảnh minh họa, sau đó đọc phần giải thích để hình dung ý nghĩa của từng phó từ

とても

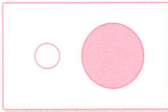

このかばんは とても 大きいです。

程度が高いことを表します。
肯定文で使います。

* It indicates a high degree. It is used in an affirmative sentence.
* 表示程度高。在肯定句中使用。
* Hiển thị mức độ cao. Sử dụng trong câu khẳng định.

あまり

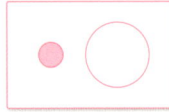

このかばんは あまり 大きくないです。

程度が高くないことを表します。
否定文で使います。

* It expresses a low degree. It is used in a negative sentence.
* 表示程度不高。在否定句中使用。
* Hiển thị mức độ không cao. Sử dụng trong câu phủ định.

接着，让我们来做"确认问题"。 Q1的插图和图示相似。请一边对比图示一边试着解答。Q2是最终练习。请一边想象每个副词所具有的印象，一边选择该使用哪个副词好。

Tiếp theo, hãy giải "Bài tập xác nhận". Hình minh họa trong câu hỏi 1 giống với hình ảnh mô tả. Hãy so sánh với hình ảnh mô tả trong khi làm bài. Câu hỏi 2 là phần hoàn thiện. Hãy vừa hình dung ý nghĩa của từng phó từ, và chọn phó từ phù hợp để sử dụng.

Q.1 （　　　）に入るのは、「とても」ですか、「あまり」ですか。

1　昨日のパーティーは（　　　）楽しかったです。

2　昨日のパーティーは（　　　）楽しくなかったです。

Q.2 正しい副詞を選んでください。

1　私の部屋は { とても・あまり } 広くないです。

2　日本のコンビニは { とても・あまり } 便利です。

3　田中：日本語の勉強はどうですか。
　　キム：{ とても・あまり } 難しいですが、おもしろいです。

第2章 違いに注目しながら覚えよう

在这一章中选取了彼此意思相似的副词。首先请一边看图示，例句，插图，一边阅读"相似之处"的说明。

Trong chương này, chúng ta sẽ xem xét các phó từ có nghĩa tương tự nhau. Trước tiên, hãy xem câu ví dụ và hình ảnh minh họa, sau đó đọc phần giải thích về 'những điểm tương đồng'

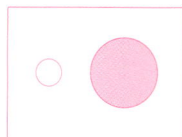

接着，看"不同点"和"这里不一样！"的说明和插图，记住这些差异。最后，注意差异的同时，通过做"确认问题"来确认自己的理解程度。

Tiếp theo, hãy xem phần giải thích và hình minh họa trong 'Những điểm khác nhau' và 'Điều này khác biệt!' để ghi nhớ những sự khác biệt.Cuối cùng, hãy chú ý đến những khác biệt đó và kiểm tra mức độ thấu hiểu bằng các "bài tập xác nhận".

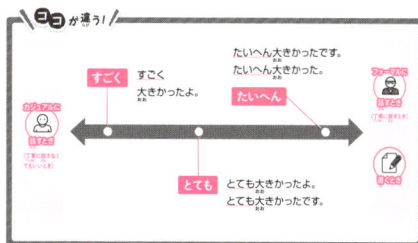

第3章 イメージしながら覚えよう

在这一章中，将逐一列举副词。一边看图示，例句，插图，一边想象该副词所具有的意思。印象成型之后，通过做"确认问题"来确认自己的理解程度。

Trong chương này, chúng ta sẽ xem xét từng phó từ một. Hãy hình dung ý nghĩa của phó từ đó qua câu ví dụ và hình ảnh minh họa. Sau khi hình dung được, hãy kiểm tra mức độ thấu hiểu bằng các "bài tập xác nhận"

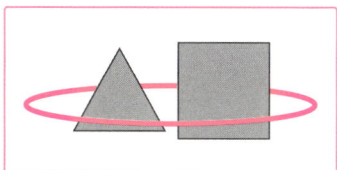

第4章 確認しよう 副詞の使い分け

第1章～第3章中记住的副词，一共准备了4组问题，每组20道问题。请一边回想每个副词所具有的印象一边尝试解答。

Có 4 bài kiểm tra, mỗi bài gồm 20 câu hỏi về các phó từ đã học trong chương 1 đến chương 3. Hãy hình dung ra hình ảnh mà mỗi phó từ mang lại rồi làm làm bài thử nhé.

使用副词的话，能让表达变得更丰富。让我们学会灵活地运用各种副词吧。希望在学习副词的时候，通过本书学会的副词印象能对你有所帮助！

Khi sử dụng phó từ, bạn có thể diễn đạt cách nói phong phú hơn. Hãy học cách sử dụng phó từ một cách thành thạo. Hy vọng rằng những hình ảnh bạn đã học được từ cuốn sách này sẽ giúp ích khi ghi nhớ các phó từ!

本書の使い方（この本をお使いになる先生へ）

●本書のねらい

　本書は、「副詞が持つ意味をイメージとして学習者に伝える」ことを目指したテキストです。日本語教育の現場では、動詞や形容詞にくらべて、副詞の指導や練習にはそれほど時間を割くことができないように思います。そのような現状を補うためのツールとして本書を作成しました。副詞を「文字での説明」だけで覚えるのではなく、それぞれの副詞が持つ「イメージ」も頭に焼き付けながら確実に自分のものにしていくというコンセプトのもとで作成しています。

●本書の構成と使い方

　本書では、まず、「副詞って何？」（p.7）で、副詞とは何か、また、副詞にはどのようなものがあるのかについて説明します。そして、「副詞を上手に使うと…」（pp. 8-9）で、副詞を使いこなすことのメリットを解説します。副詞を学習するモチベーションにつなげることが狙いです。その後、第1章〜第4章で副詞を学習します。

　本書では、初級と中級の日本語教科書において扱われることの多い副詞を取り上げます。副詞は、大きく次の三つの章に分けて示しています。それぞれの章の内容と特徴は、次のようになります。

第1章　くらべながら覚えよう

内容　意味的に同じカテゴリーに入る複数の副詞を一つにまとめ、それぞれが持つ意味を同一の基準で作成したイメージで差をつけながら示します。

特徴　「イメージ図・例文・イラスト→確認問題（Q1・Q2）」の構成になっています。まず「イメージ図・例文・イラスト」を見ながら、それぞれの副詞が持つ意味を考えてもらいます。そして、「確認問題（Q1・Q2）」で理解を確認します。Q1のイラストは、意図的に、イメージ図と連動させています。より具体的な状況の中でイメージしてもらうというのが目的です。Q2は仕上げ問題で、副詞の意味が正しく理解できているかを確認する問題です。

第2章　違いに注目しながら覚えよう

内容　類似した意味を持つ副詞を一つにまとめ、似ているところ、違うところをイメージで示しています。

特徴　「似ているところ→違うところ→ココが違う！→確認問題」の構成になっています。「似ているところ」では、共通の意味がイメージ図・例文・イラストで示されています。続く「違うところ」と「ココが違う！」において違いが提示されます。「違うところ」では、主にどのよ

うな点に違いがあるのかを簡略に説明しています。この後に続く「ココが違う！」の内容を
おさえた上でもう一度「違うところ」に言及すると、違いのポイントを意識させることができ
ます。

第3章　イメージしながら覚えよう

内容　第1章、第2章で取り上げなかった初級〜中級レベルの副詞を一つずつ示し、それぞれの
　　　　副詞が持つ意味をイメージで示しています。

特徴　「イメージ図・例文・イラスト→確認問題」の構成になっています。まず「イメージ図・例文・
　　　　イラスト」で副詞の意味をイメージで覚え、その後の「確認問題」で理解を確認します。「確
　　　　認問題」は、そのページで取り上げている副詞の意味が正しく理解できているかどうかを
　　　　確認するために、混同しやすい選択肢を使った練習問題にしています。「確認問題」の選択
　　　　肢のうち、本書でも解説している副詞については、当該の副詞が提示されているページを
　　　　あわせて示しています。提示されている副詞をあわせて学習させると、「第2章　違いに注
　　　　目しながら覚えよう」のようなタイプの副詞としても学習してもらうことができます。

　　　第1章から第3章までの内容は連続しているわけではないので、どのような順番で学習しても同様
の学習効果が期待できます。

　　　最後の「第4章　総合練習問題」は、本書で取り上げた副詞の理解を確認するための章です。本
書で取り上げた副詞の問題が20問ずつ×4回分あります。第1章から第3章までを一通り学習した
後に理解を確認するためのテストとして使うことができます。また、本書を学習する前に、初級〜中
級レベルの副詞の理解度を確認するための実力チェックとして使うこともできます。
　　　本書は、初級から中級まで一通り学習を終えた学習者が、副詞にフォーカスして復習を行うため
のテキストとして作成したものですが、クラスで使っていただくこともできます。副詞ごとに、平均し
て1〜2ページ以内、長くても、4ページ以内に収まるようにしてありますので、ちょっとした隙間時
間や復習時間などにご活用ください。内容の扱い方や副詞の難易度によって学習にかかる時間は異
なりますが、想定している学習時間は、第1章、第2章は1項目10分〜20分程度、第3章は1項
目10分程度です。

　　　なお、副詞のタイトルの横に示されているレベルは、取り上げられることの多い日本語教科書のレ
ベルに準拠したもので、絶対的なものではありません。導入や練習をさせる時期の目安としてご参照
ください。

第1章

だい　しょう

くらべながら
覚えよう

おぼ

とても・あまり

とても

このかばんは**とても**大きいです。
おお

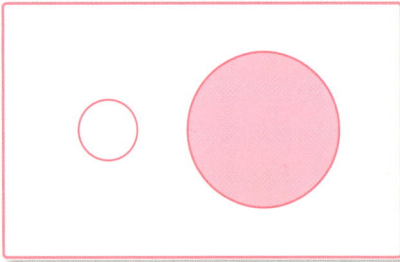

程度が高いことを表します。
てい ど　たか　　　　　　　あらわ
肯定文で使います。
こうていぶん　つか

- It indicates a high degree. It is used in an affirmative sentence.
- 表示程度高。在肯定句中使用。
- Hiển thị mức độ cao. Sử dụng trong câu khẳng định.

あまり

このかばんは**あまり**大きくないです。
おお

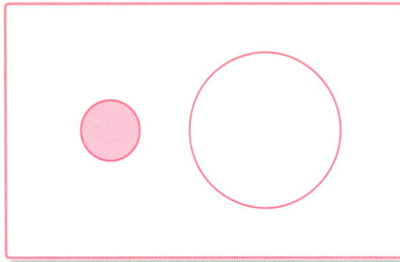

程度が高くないことを表します。
てい ど　たか　　　　　　　　あらわ
否定文で使います。
ひ ていぶん　つか

- It expresses a low degree. It is used in a negative sentence.
- 表示程度不高。在否定句中使用。
- Hiển thị mức độ không cao. Sử dụng trong câu phủ định.

Q.1 （　　　）に入るのは、「とても」ですか、「あまり」ですか。

1 昨日のパーティーは（　　　　　　　　）楽しかったです。

2 昨日のパーティーは（　　　　　　　　）楽しくなかったです。

Q.2 正しい副詞を選んでください。

1 私の部屋は ｛ とても ・ あまり ｝ 広くないです。

2 日本のコンビニは ｛ とても ・ あまり ｝ 便利です。

3 田中：日本語の勉強はどうですか。

　　キム：｛ とても ・ あまり ｝ 難しいですが、おもしろいです。

第1章

たくさん・少し・あまり・全然
すこ　　　　　　　　ぜん ぜん

たくさん

ポチはご飯をたくさん食べました。
はん　　　　　た

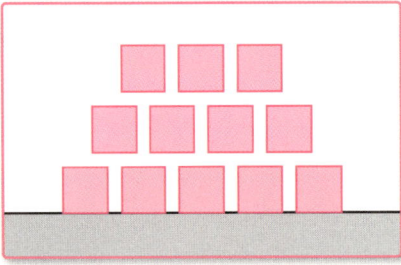

量が多いことを表します。
りょう おお　　　　　あらわ
肯定文で使います。
こうていぶん　つか

- It indicates a large quantity. It is used in an affirmative sentence.
- 表示数量多。在肯定句中使用。
- Hiển thị số lượng nhiều. Sử dụng trong câu khẳng định.

少し
すこ

ポチはご飯を少し食べました。
はん すこ た

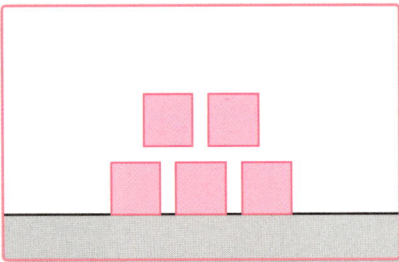

量が少ないことを表します。
りょう すく　　　　　あらわ
肯定文で使います。
こうていぶん　つか

- It indicates a small quantity. It is used in an affirmative sentence.
- 表示数量少。在肯定句中使用。
- Hiển thị số lượng ít. Sử dụng trong câu khẳng định.

あまり

ポチはご飯をあまり食べませんでした。

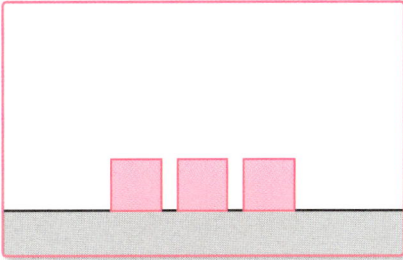

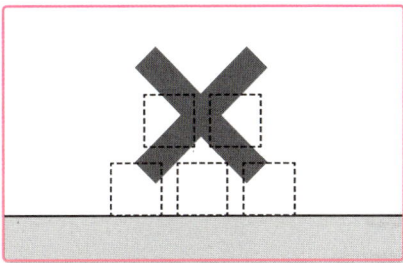

量が多くないことを表します。
否定文で使います。

- It indicates that the quantity is insufficient. It is used in a negative sentence.
- 表示数量不多。在否定句中使用。
- Hiển thị số lượng không nhiều. Sử dụng trong câu phủ định.

全然

ポチはご飯を全然食べませんでした。

量がないことを表します。
否定文で使います。

- It indicates that there is no quantity. It is used in a negative sentence.
- 表示没有数量。在否定句中使用。
- Hiển thị việc không có số lượng. Sử dụng trong câu phủ định.

Q.1 （＿＿＿）に入るのは「たくさん」「少し」「あまり」「全然」のどれですか。

1 鈴木さんはお酒を（　　　　　　）飲みました。

2 鈴木さんはお酒を（　　　　　　）飲みませんでした。

3 鈴木さんはお酒を（　　　　　　）飲みませんでした。

4 鈴木さんはお酒を（　　　　　　）飲みました。

Q.2 正しい副詞を選んでください。

1 誕生日にプレゼントを { たくさん ・ 全然 } もらいました。

2 日本に友達が { 少し ・ あまり } いません。さびしいです。

3 私はお金が { あまり ・ 全然 } ないので、安い自転車を買います。

❀ ワンポイント

「少し」「あまり」「全然」は、形容詞と使うと、
量（amount　数量　số lượng/ lượng）じゃなくて、程度（degree　程度　mức độ）を表すよ。

- あたたかいお茶を**少し**飲みました。　量
- 今日は**少し**寒いです。　程度

- 映画館に人が**あまり**いませんでした。　量
- この映画は**あまり**おもしろくなかったです。　程度

- 映画館に人が**全然**いませんでした。　量
- この映画は**全然**おもしろくなかったです。　程度

23

いつも・ときどき・あまり・全然
ぜん　ぜん

いつも

いつも朝ご飯を食べます。
あさ　はん　た

○ ○ ○ ○

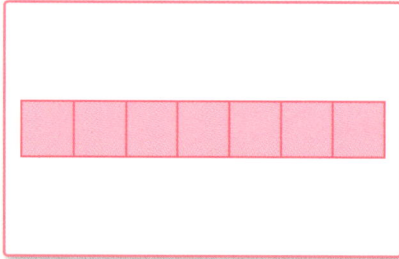

毎日、または、毎回するときに
まいにち　　　　　まいかい
使います。
つか

- It is used every day or every time you do it.
- 每天，或者是每次的时候使用。
- Sử dụng khi làm mỗi ngày hoặc mỗi lần.

ときどき

ときどき朝ご飯を食べます。
あさ　はん　た

○ × ○ ×

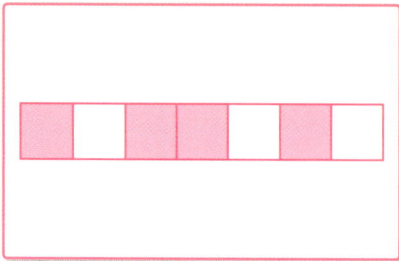

するときもしないときもあるときに
使います。
つか

- It is used when there is a time you do it and a time when you do not. It is used in a negative sentence.
- 有时做有时不做的时候使用。在否定句中使用。
- Sử dụng cả khi làm, khi không làm và khi có. Sử dụng trong câu phủ định.

「たまに」も「ときどき」と同じように使えるよ！
　　　　　　おな　　　つか

たまに (=ときどき) 朝ご飯を食べます。
　　　　　　　　　　あさ　はん　た

あまり

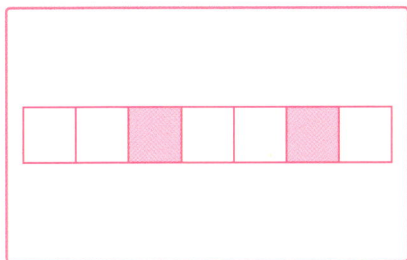

あまり朝ご飯を食べません。
　　　あさ　はん　た

**するときもしないときもあるときに
使います。**
　　つか
**しないときをもっと言いたいときに使い
　　　　　　　　　　い　　　　　　つか
ます。**
否定文で使います。
　ひ ていぶん　つか

- It is used when there is a time you do it and a time when you do not. It is used to express that the speaker more often does not do it. It is used in a negative sentence.
- 有时做有时不做的时候使用。想更强调不做的时候使用。在否定句中使用。
- Sử dụng cả khi làm, khi không làm và khi có. Sử dụng khi muốn nói nhiều hơn về lúc không làm. Sử dụng trong câu phủ định.

全然
　ぜん ぜん

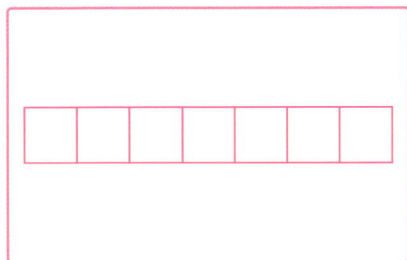

全然朝ご飯を食べません。
ぜんぜん あさ はん た

一度もしないときに使います。
　いち ど　　　　　　　　つか
否定文で使います。
　ひ ていぶん　つか

- It is used when you will not do it even once. It is used in a negative sentence.
- 在一次也不做的时候使用。在否定句中使用。
- Sử dụng khi chưa bao giờ làm. Sử dụng trong câu phủ định.

Q.1 （　　）に入るのは「いつも」「ときどき」「あまり」「全然」のどれですか。
1回ずつ使います。

1 アインさんは（　　　　　　）宿題を忘れます。

| 月 | 火 | 水 | 木 | 金 |

2 アインさんは（　　　　　　）宿題を忘れません。

| 月 | 火 | 水 | 木 | 金 |

3 アインさんは（　　　　　　）宿題を忘れます。

| 月 | 火 | 水 | 木 | 金 |

4 アインさんは（　　　　　　）宿題を忘れません。
しゅくだい　わす

月　　火　　水　　木　　金

Q.2 正しい副詞を選んでください。
ただ　　ふくし　　えら

1 リラックスするために、寝る前に { いつも ・ あまり ・ 全然 } ヨガをしています。
ね　まえ　　　　　　　　　　　ぜんぜん

---

2 一人で帰ることが多いですが、{ いつも ・ ときどき ・ あまり } 友達と帰ることもあります。
ひとり　かえ　　　　おお　　　　　　　　　　　　　　　　　　ともだち　かえ

---

3 卒業してから { いつも ・ ときどき ・ 全然 } 会っていない友達がいます。
そつぎょう　　　　　　　　　　　　　ぜんぜん　　あ　　　　　　ともだち
来週久しぶりに会うことにしました。
らいしゅうひさ　　　あ

❋ ワンポイント

「あまり」と「全然」は、形容詞と使うと、
ぜんぜん　　けいようし　つか
頻度じゃなくて、程度を表すよ。（ p.18、p.48）
ひんど　　　　　　ていど　あらわ

A：カラオケへよく行きますか。
い
B：いいえ、**あまり**行きません。　頻度
い　　　　　　　　ひんど

A：おすしは好きですか。
す
B：いいえ、**あまり**好きじゃありません。　程度
す　　　　　　　　　　ていど

もう・まだ

もう

荷物をもう送りました。
にもつ　　　おく

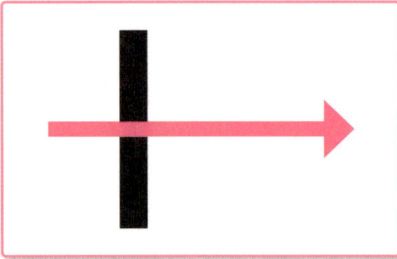

ある基準点に到達していたり
きじゅんてん　とうたつ
超えていたりすることを表します。
こ　　　　　　　　　　　あらわ

- It indicates that a certain standard point has been reached or exceeded.
- 表示达到或超过某一基准点。
- Hiển thị việc đã đạt đến hoặc vượt qua một điểm chuẩn nào đó.

まだ

荷物をまだ送っていません。
にもつ　　　おく
今から送ります。
いま　　おく

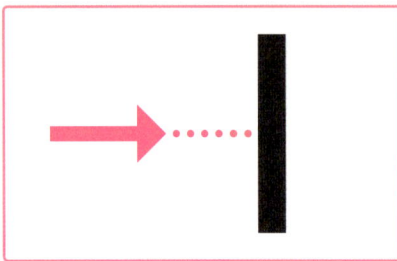

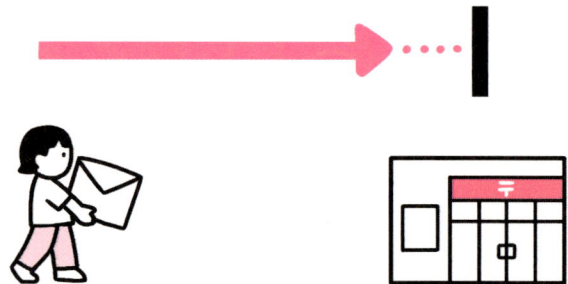

ある基準点に到達していないことを
きじゅんてん　とうたつ
表します。
あらわ

- It indicates that a certain standard point has not been reached yet.
- 表示未达到某一基准点。
- Hiển thị việc đã đạt được hay vượt qua điểm chuẩn nào đó.

確認問題 ▶ 答えは別冊 p.3

Q.1 （　　　）に入るのは「もう」ですか、「まだ」ですか。

1 バスが（　　　　　　　）来ません。　　　**2** バスが（　　　　　　　）来ました。

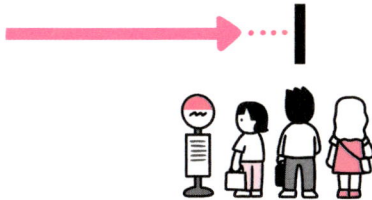

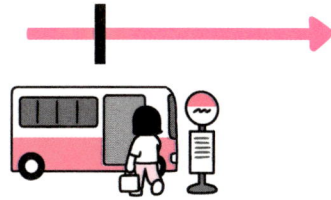

Q.2 正しい副詞を選んでください。

1 陳　　　　：加藤さん、いますか。

　　ミュラー：加藤さんですか。加藤さんなら、{ もう ・ まだ } 帰りましたよ。

2 旅行が好きですが、北海道には { もう ・ まだ } 行ったことがありません。

❋ ワンポイント

「もう」は肯定文で、「まだ」は否定文でよく使うよ。
でも、そうじゃないときもあるから、気をつけてね！

a.（旅行先で）**もう**歩けません。少し休みませんか。
　→「歩けない」状態に到達している様子
b.（一人で世界一周*したことを思い出しながら）あの頃は**まだ**若かったなあ。
　→「年をとった」状態に到達していない様子

※世界一周する：to go around the world　环游世界　đi một vòng thế giới/ du lịch vòng quanh thế giới

29

早く・遅く
はや　　　おそ

早く
はや

早く起きます。
はや　お

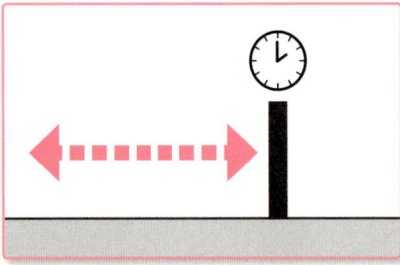

基準とする時間より前であることを
き じゅん　　　 じ かん　　　 まえ
表します。
あらわ

- It expresses that something is earlier than the reference time.
- 表示比基准时间早。
- Hiển thị việc xảy ra trước thời gian được lấy làm chuẩn.

遅く
おそ

遅く起きます。
おそ　お

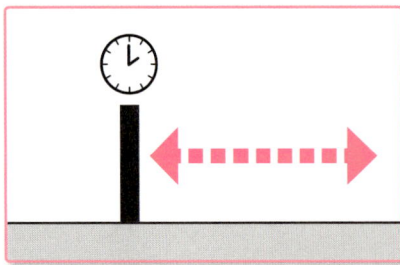

基準とする時間より後であることを
き じゅん　　　 じ かん　　　 あと
表します。
あらわ

- It expresses that something is earlier than the reference time.
- 表示比基准时间晚。
- Hiển thị việc xảy ra sau thời gian được lấy làm chuẩn.

Q.1 （　　　）に入るのは「早く」ですか、「遅く」ですか。
　　　　　　　　　はい　　　　　　はや　　　　　　おそ

1 今日はいつもより（　　　　　　　）帰りました。
　　きょう　　　　　　　　　　　　　　　　かえ

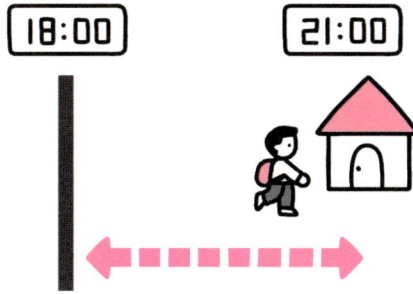

2 今日はいつもより（　　　　　　　）帰りました。
　　きょう　　　　　　　　　　　　　　　　かえ

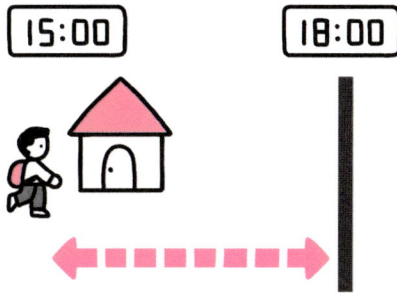

Q.2 正しい副詞を選んでください。
　　　　ただ　　ふくし　えら

1 今日は疲れたので、{ 早く・遅く } 寝ます。
　　きょう　つか　　　　　　はや　おそ　　　ね

2 仕事が { 早く・遅く } 終わったので、約束の時間に間に合いませんでした。
　　しごと　　はや　おそ　お　　　　　　　やくそく　じかん　ま　あ

速く・遅く
はや　　　おそ

速く
はや

速く 歩きます。
はや　　ある

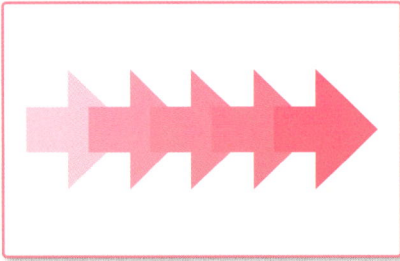

時間が進む様子が速いことを表します。
じかん　すす　ようす　はや　　　　あらわ

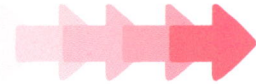

- It indicates how time moves fast.
- 表示时间推进的样子快。
- Hiển thị trạng thái thời gian tiến triển nhanh.

遅く
おそ

遅く 歩きます。
おそ　　ある

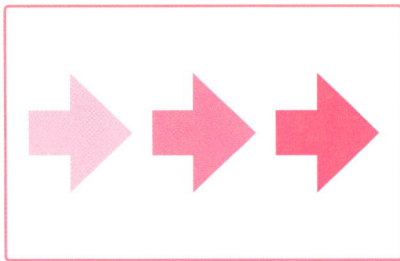

時間が進む様子が遅いことを表します。
じかん　すす　ようす　おそ　　　　あらわ

- It expresses that the passage of time feels slow.
- 表示时间推进的样子慢。
- Hiển thị trạng thái thời gian tiến triển chậm.

Q.1 （　　　）に入るのは「速く」ですか、「遅く」ですか。
　　　　　　　　　はい　　　　　はや　　　　　　おそ

1 祖母と話すときは、（　　　　　　　）話します。
　　そぼ　はな　　　　　　　　　　　　　　　はな

2 友達と話すときは、（　　　　　　　）話します。
　　ともだち　はな　　　　　　　　　　　　　はな

Q.2 正しい副詞を選んでください。
　　　　ただ　　　ふくし　えら

1 { 速く ・ 遅く } 走っていたら、体育*の先生に「歩いていないで、走りなさい！」と怒ら
　　　はや　　おそ　　はし　　　　たいいく　せんせい　ある　　　　　　　　　　はし　　　　　　　　おこ
れました。

2 去年より { 速く ・ 遅く } 泳げるようになりました。うれしいです。
　　きょねん　　　はや　　おそ　　　およ

＊体育：physical education　体育　Thể dục
　たいいく

✿ワンポイント

「遅く」は「ゆっくり」と似ているよ。
　おそ　　　　　　　　　　　　　に
でも「ゆっくり」は、時間が進む様子が遅いことは表せるけど、
　　　　　　　　　　じかん　すす　ようす　おそ　　　　　あらわ
基準とする時間より後のことは表せないんだ。
　きじゅん　　　じかん　　あと　　　　あらわ

ゆっくり寝る　⟶　〇 リラックスして寝る。
　　　　ね　　　　　　　　　　　ね
　　　　　　　　　　✕ いつもより遅い時間に寝る。
　　　　　　　　　　　　　　　　おそ　じかん　ね

第1章

33

たぶん・きっと

たぶん

信じている**程度が低いこと**を表します。
しん ていど ひく あらわ

- It expresses a lower degree of certainty.
- 表示相信的程度低。
- Hiển thị mức độ tin tưởng thấp.

きっと

信じている**程度が高いこと**を表します。
しん ていど たか あらわ
そうなってほしいという**期待**が入ってい
きたい はい
ることがあります。

- It expresses a high degree of belief. There may be an expectation or hope that it will happen.
- 表示相信的程度高。有时包含希望事情朝着这个方向发展的期待。
- Hiển thị mức độ tin tưởng cao. Có cả việc mong chờ muốn trở nên như vậy.

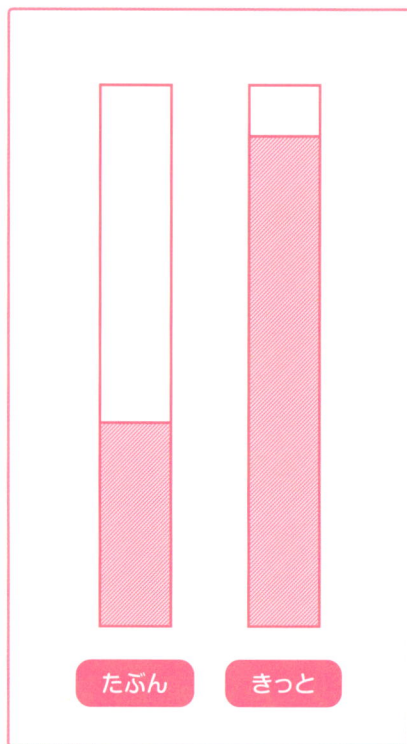

この料理は、**たぶん**辛いです。
りょうり から

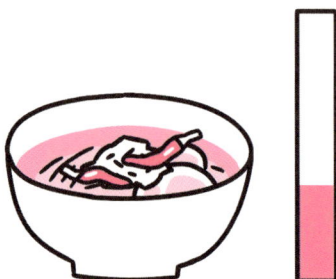

この料理は、**きっと**辛いです。
りょうり から

Q.1 （　　　）に入るのは「たぶん」ですか、「きっと」ですか。

1 佐藤さんは（　　　　）怒っています。

2 佐藤さんは（　　　　）怒っています。

Q.2 より自然な副詞を選んでください。

1 スミス：明日のプレゼンテーション、上手にできるか心配です。

  王　：何回も練習したから、{ たぶん ・ きっと } 大丈夫ですよ！

2 さやか：たかしくん、今日のパーティー、来ると思う？

  けんた：{ たぶん ・ きっと } 来ないと思う。明日出さなきゃいけないレポートがあるみたい。書き終わっていたら来るかもしれないけどね。

❋ ワンポイント

「おそらく」は、「たぶん」と似ているよ。
でも、「おそらく」は、丁寧に言いたいときや書くときに
使うことが多いんだ。

ガーッと行って、右にキュッと曲がったら

日本語には「オノマトペ」がたくさんあります。オノマトペは、**音を真似したり**（例：ワンワン、ニャーニャー）、**状態を表したり**（例：きらきら、にこにこ）するときに使う言葉で、副詞のように使われることがあります。オノマトペを使うと、どんなメリットがあると思いますか。aとbをくらべてみましょう。「ザーザー」は雨が強く降る音を表します。

> **a. 雨が降っています。**
>
> **b. 雨がザーザー降っています。**

aよりbのほうが、場面がもっとわかりやすいと思いませんか。そのため、オノマトペは、広告や商品の名前にもよく使われます。画像検索*で「サクッと」や「もちっと」を検索してみてください。

ところで、オノマトペは、日本の中でも関西地方*に住んでいる人たちがよく使うという調査結果があります。次は、関西地方で道を案内するときによく使うというオノマトペを使って道を案内している文です。みなさんは、「シュッとしたビル」「ガーっと行く」「キュッと曲がる」のイメージがわかりますか。

> 「あ、あのシュッとしたビル？　この道をガーっと行って、右にキュッと曲がったら着くわ」

みなさんがよく知っている日本語で表すと、「あ、あの背が高いビル？　この道をまっすぐ行って、右に直角に曲がったら着くよ」になります。

---

* **画像検索**：Image Search　搜索图片　tìm kiếm hình ảnh
* **関西地方**：Kansai region　关西地区　khu vực Kansai

第2章

<ruby>第<rt>だい</rt></ruby> **2** <ruby>章<rt>しょう</rt></ruby>

違いに注目しながら覚えよう

<ruby>違<rt>ちが</rt></ruby>いに<ruby>注目<rt>ちゅうもく</rt></ruby>しながら<ruby>覚<rt>おぼ</rt></ruby>えよう

1 程度を表す副詞
てい ど　あらわ　ふく し

とても・すごく・たいへん

似ているところ
に

程度が高いことを表します。
てい ど　たか　　　　　　あらわ

- It indicates a high degree.
- 表示程度高。
- Hiển thị mức độ cao.

このかばんは**とても**
大きいです。
おお

このかばんは**すごく**
大きいです。
おお

このかばんは**たいへん**
大きいです。
おお

違うところ
ちが

使われやすい場面が違います。
つか　　　　　　ば めん　ちが

- The situations in which they are likely to be used are different.
- 较易使用的场景不同。
- Các tình huống dễ được sử dụng khác nhau.

ヨコ が 違う！

たいへん大きかったです。
たいへん大きかった。

たいへん

すごく　すごく
大きかったよ。

フォーマルに
話すとき
（丁寧に話すとき）

カジュアルに
話すとき
（丁寧に話さなく
てもいいとき）

書くとき

とても　とても大きかったよ。
とても大きかったです。

第2章

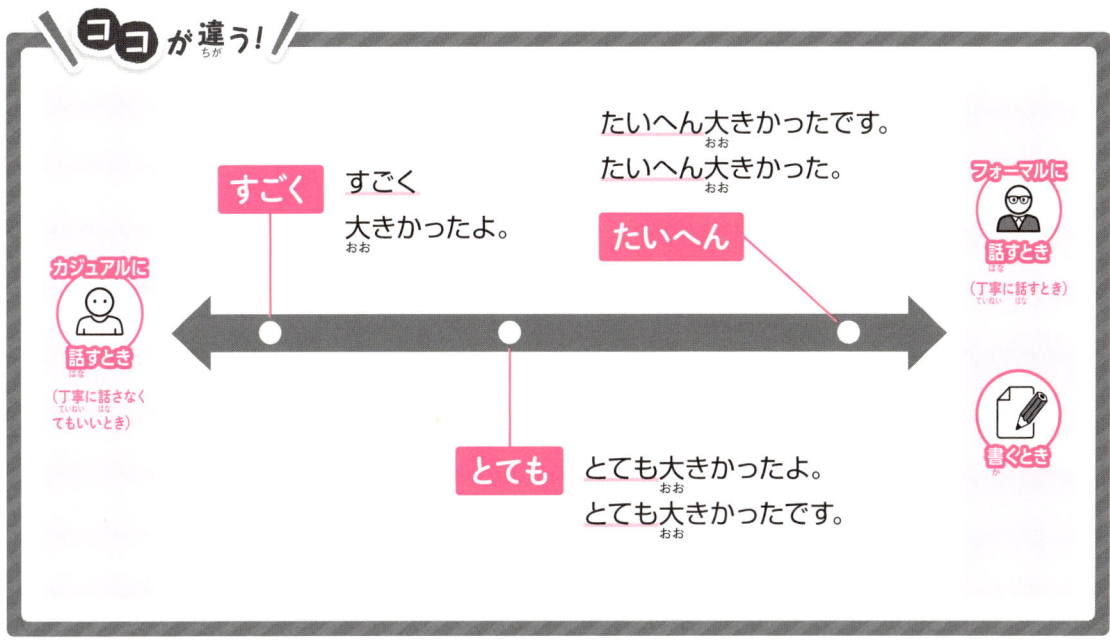

確認問題 ▶ 答えは別冊 p.4

Q.1 いちばんいいと思う副詞には〇、使えるけどいちばんじゃない副詞には△、
使えない副詞には×を書いてください。

1 （電車のアナウンス）

「電車が参ります。（　　　　　　）危険ですので、白線の内側までお下がりください。」

a. とても（　　　　　　）　　b. すごく（　　　　　　）　　c. たいへん（　　　　　　）

2 （友達の発表が終わった後）

「さらちゃんの発表、（　　　　　）良かった！」

a. とても（　　　　　　）　　b. すごく（　　　　　　）　　c. たいへん（　　　　　　）

Q.2 より自然な副詞を選んでください。

1 （友達と映画を見た後）

「この映画、{ すごく・たいへん }おもしろかったね。」

2 （レポートで）

これは{ とても・たいへん } 重要な*問題である。

*重要な：Important　重要　quan trọng

39

もっと・ずっと

似ているところ
に

くらべたとき、程度に差があることを
ていど さ
表します。
あらわ

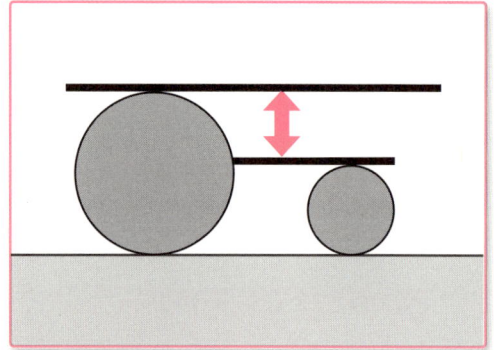

- It indicates that there is a difference in degree when comparing.
- 表示在比较的时候，程度上存在差异。
- Hiển thị sự khác biệt về mức độ khi so sánh.

沖縄は北海道より
おきなわ ほっかいどう
もっと暖かいです。
あたた

沖縄は北海道より
おきなわ ほっかいどう
ずっと暖かいです。
あたた

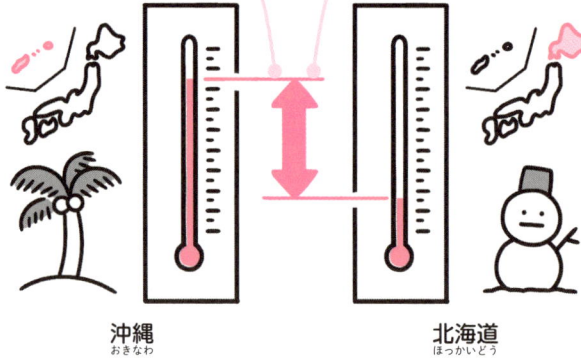

沖縄
おきなわ

北海道
ほっかいどう

違うところ
ちが

くらべているものがどちらも同じ性質をもっているかどうかが違います。また、程度の
おな せいしつ ちが ていど
差が大きいかどうかが違います。
さ おお ちが

- The difference lies in whether the things being compared have the same properties. It also lies in whether there is a large difference in degree.
- 区别在于相比较的事物是否都具有相同的性质。另外，程度差异是否很大。
- Khác nhau ở chỗ liệu các đối tượng đang so sánh có cùng tính chất hay không. Ngoài ra, sự khác biệt còn ở mức độ chênh lệch có lớn hay không.

\ ココ が 違う！/

もっと

どちらも同じ性質をもっていますが、くらべると程度に差があることを表します。程度の差が大きくないときもあります。

- It indicates that both have the same properties but have differences in degree when compared. Sometimes the difference in degree is not large.
- 表示虽然都具有相同的性质，但是比较时存在程度上的差异。程度差异不大的时候也有。
- Cả hai đều có cùng tính chất, nhưng khi so sánh thì có sự khác biệt về mức độ. Cũng có trường hợp mức độ chênh lệch không lớn.

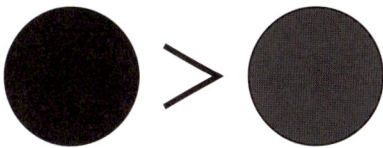

ずっと

程度に差があることだけを表します。程度の差は大きいです。

- It only expresses a difference in degree. The degree of difference is large.
- 表示只是程度上存在差异。程度差异大。
- Chỉ hiển thị sự khác biệt về mức độ. Sự khác biệt về mức độ lớn.

● > ●

● >> ○

🐰 確認問題 ▶ 答えは別冊 p.4

Q より自然な副詞を選んでください。
どちらも自然なときは、「どちらでもいい」を選んでください。

1 加藤　：牛乳が220円？　アップルマート、安いですね。

シルバ：あ、Kマートは｛ ずっと ・ もっと ・ どちらでもいい ｝安いですよ。200円！

2 今日見た映画の方が昨日見た映画より｛ ずっと ・ もっと ・ どちらでもいい ｝おもしろいです。昨日は映画を見ながら寝てしまいました。

程度・量を表す副詞
<ruby>程<rt>てい</rt></ruby> <ruby>度<rt>ど</rt></ruby> <ruby>量<rt>りょう</rt></ruby> <ruby>表<rt>あらわ</rt></ruby> <ruby>副詞<rt>ふくし</rt></ruby>

中級

ずいぶん・かなり・だいぶ・けっこう

似ているところ
<ruby>似<rt>に</rt></ruby>

話す人の基準より、程度や量が多いことを表します。
<ruby>話<rt>はな</rt></ruby> <ruby>人<rt>ひと</rt></ruby> <ruby>基準<rt>きじゅん</rt></ruby> <ruby>程度<rt>ていど</rt></ruby> <ruby>量<rt>りょう</rt></ruby> <ruby>多<rt>おお</rt></ruby> <ruby>表<rt>あらわ</rt></ruby>

- It expresses that something is more in quantity or degree compared to the standard or criteria set by the speaker.
- 表示相较于说话者的基准，程度或数量多。
- Hiển thị việc mức độ, số lượng nhiều hơn chuẩn của người nói.

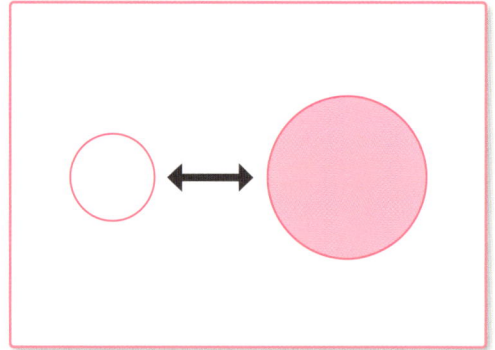

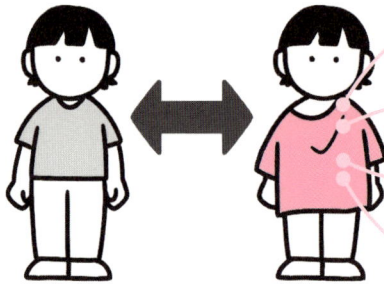

シャツが**ずいぶん**大きいです。
<ruby>大<rt>おお</rt></ruby>

シャツが**かなり**大きいです。
<ruby>大<rt>おお</rt></ruby>

シャツが**だいぶ**大きいです。
<ruby>大<rt>おお</rt></ruby>

シャツが**けっこう**大きいです。
<ruby>大<rt>おお</rt></ruby>

違うところ
<ruby>違<rt>ちが</rt></ruby>

程度や量が多いことに対する気持ちが違います。
<ruby>程度<rt>ていど</rt></ruby> <ruby>量<rt>りょう</rt></ruby> <ruby>多<rt>おお</rt></ruby> <ruby>対<rt>たい</rt></ruby> <ruby>気持<rt>きも</rt></ruby> <ruby>違<rt>ちが</rt></ruby>

- The feelings about the degree or amount are different.
- 对于程度或数量多持有的心情不同。
- Có những cảm nhận khác nhau về mức độ và số lượng.

ずいぶん

驚いている気持ちを表します。
おどろ　　　　きも　　　あらわ

- It expresses a feeling of surprise.
- 表示惊讶的心情。
- Hiển thị cảm xúc ngạc nhiên.

えっ！ ずいぶん 大きいですね。
おお

けっこう

思っていたことと違うという気持ちを
おも　　　　　　　　ちが　　　　　　きも
表します。
あらわ

- It expresses a feeling that it is not what you expected.
- 表示与预期不同的心情。
- Hiện thị tâm trạng khác với những gì đã nghĩ.

けっこう 大きいですね。
おお

着る前は
き　まえ
ちょうどいいサイズだと
思っていました。
おも

第2章

「かなり」「だいぶ」にこのような気持ちはありません。
きも
- "かなり" and "だいぶ" don't carry the meaning of this feeling.
- "かなり" "だいぶ" 就不带有这种情感。
- Không có cảm giác như vậy với 「かなり」, 「だいぶ」.

🐰 確認問題 ▶ 答えは別冊 p.4
かく にん もん だい　こた　　べっさつ

Q より自然な副詞を選んでください。
しぜん　ふくし　えら

1 駅から近い家は、家賃が { ずいぶん ・ かなり } 高いです。
えき　ちか　いえ　　やちん　　　　　　　　　　　　　　たか
また、犬やねこなど、ペットが飼える家も家賃が高くなります。
いぬ　　　　　　　　　　か　いえ　やちん　たか

2 この授業は、宿題が多くて大変だと聞いていましたが、{ ずいぶん ・ けっこう } 楽しか
じゅぎょう　しゅくだい　おお　たいへん　き　　　　　　　　　　　　　　　　　たの
ったです。

❋ ワンポイント

「ずいぶん」は、一般的なこと*には使わないよ
いっぱんてき　　　　　つか

❌ 富士山はずいぶん高い山だ。
ふじさん　　　　　たか　やま

*一般的なこと：いつもそうであること
いっぱんてき

43

たくさん・おおぜい

似ているところ
に

数が多いことを表します。
かず　おお　　　　　あらわ

- It indicates a considerable number.
- 表示数量多。
- Hiển thị số lượng nhiều.

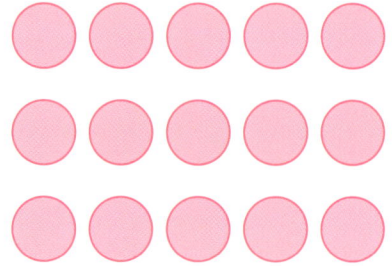

人がたくさん
ひと
います。

人がおおぜい
ひと
います。

違うところ
ちが

何の数を表すかが違います。
なん　かず　あらわ　　　ちが

- It indicates a difference in what number or quantity it describes.
- 在表示是什么的数量不同上存在差异。
- Khác nhau về việc hiển thị số lượng của cái gì.

ココが違う！

たくさん	おおぜい
人の数、ものの数、どちらの数も表すことができます。	**人の数を表します。**

- It can describe both the number of people and of objects.
- 可以用来表示人的数量，也可以表示物的数量。
- Có thể hiển thị cho cả số người và số vật.

えんぴつが**たくさん**あります

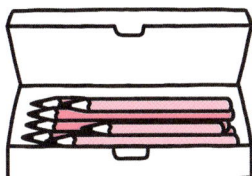

- It indicates the number of people.
- 表示人的数量。
- Hiển thị số người.

人が**おおぜい**います

第2章

確認問題 ▶ 答えは別冊 p.4

Q 正しい副詞を選んでください。
どちらも正しいときは、「どちらでもいい」を選んでください。

1 お店の前に人が { たくさん ・ おおぜい ・ どちらでもいい } 並んでいます。

2 高橋さんは、外国の切手を { たくさん ・ おおぜい ・ どちらでもいい } 持っています。

✳ ワンポイント

動物の数のときも「たくさん」を使ってね！

⭕ 馬が**たくさん**います。

❌ 馬が**おおぜい**います。

45

少し・ちょっと
すこ

似ているところ
に

程度や量が少ないことを表します。
ていど りょう すく あらわ

- It indicates a small degree or amount.
- 表示程度或数量少。
- Hiển thị mức độ và số lượng ít.

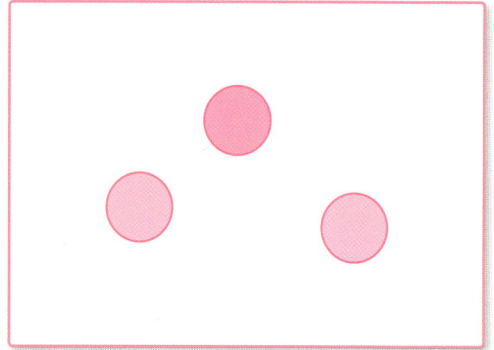

細かいお金が
こま かね
少しあります。
すこ

細かいお金が
こま かね
ちょっとあります。

違うところ
ちが

「ちょっと」は、カジュアルに話すときに使いやすいです。
はな つか

- "ちょっと" is likely to be used when speaking casually.
- "ちょっと" 在日常轻松对话时较易使用。
- 「ちょっと」 dễ sử dụng khi nói chuyện thông thường.

＼ココが違う！／

ちょっと休もう。

カジュアルに
話すとき
（丁寧に話さなく
てもいいとき）

フォーマルに
話すとき
（丁寧に話すとき）

書くとき

ちょっと休みましょう。
少し休みましょう。

第2章

確認問題 ▶ 答えは別冊 p.4

Q より自然な副詞を選んでください。
どちらも自然なときは、「どちらでもいい」を選んでください。

1 ソフィア：この教室、{ 少し ・ ちょっと ・ どちらでもいい } 寒いね。

たかし ：そう？　エアコン、つけようか？

---

2 ロッシ：今、{ 少し ・ ちょっと ・ どちらでもいい } お時間いただいてもいいですか。

田中 ：はい。どうしましたか。

✿ ワンポイント

「ちょっと」は、誘うとき、お願いや命令をするとき、断るときに使うと、
程度や量が少ないことを表さないことがあるよ！

母 ：けんた、**ちょっと**起きなさい！　遅刻しちゃうよ。
　　　（≠ちょっとだけ起きる）

けんた：はーい。

47

6 程度・量を表す副詞
てい ど りょう あらわ ふくし

初級 **全然** ぜんぜん | 中級 **まったく**

全然・まったく
ぜん ぜん

似ているところ
に

程度や量がないことを表します。
てい ど りょう あらわ
否定文で使います。
ひ ていぶん つか

- It indicates no degree or quantity. It is used in a negative sentence.
- 表示没有程度或数量。在否定句中使用。
- Hiển thị mức độ và số lượng không có. Sử dụng trong câu phủ định.

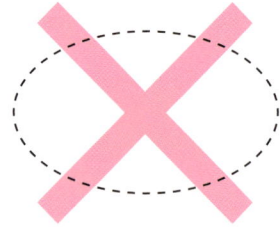

韓国語が
かんこく ご
できますか。

× 全然できません。
ぜんぜん

まったくできません。

違うところ
ちが

「まったく」は、フォーマルに話すとき、書くときに使います。
はな か つか

- "まったく" is used when speaking formally or in written words.
- "まったく"用于正式谈话，或书面时使用。
- 「まったく」sử dụng khi nói hay khi viết một cách trang trọng.

ココが違う！

韓国語ができる？

韓国語ができますか。

カジュアルに話すとき
（丁寧に話さなくてもいいとき）

フォーマルに話すとき
（丁寧に話すとき）

全然	全然できないよ。	全然できません。
まったく		まったくできません。
まったく		韓国語はまったくできない。

書くとき

第2章

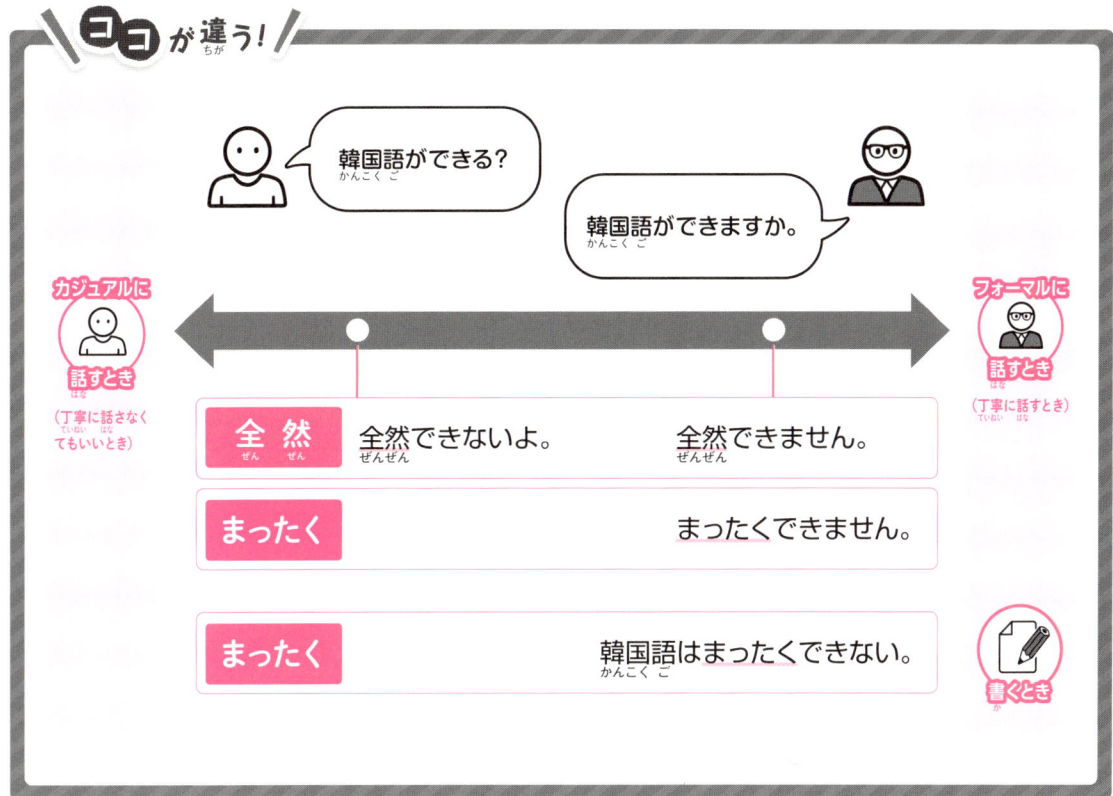

確認問題 ▶ 答えは別冊 pp.4-5

Q より自然な副詞を選んでください。
どちらも自然なときは、「どちらでもいい」を選んでください。

1 リン：アントニオ、イタリアに帰ったらしいよ。知ってた？

ホセ：えー！{ 全然 ・ まったく ・ どちらでもいい } 知らなかった。

2 （作文）
私の宝物は、子どものときに父にもらった腕時計である。
今は{ 全然 ・ まったく ・ どちらでもいい } 動かないので、使っていない。

3 ミュラー：原因がわかりましたか。

王（オウ）：{ 全然 ・ まったく ・ どちらでもいい }わかりませんでした。

だいたい・たいてい・ほとんど

似ているところ
に

頻度が高いことを表します。
ひん ど　たか　　　　　　あらわ

- It indicates high frequency.
- 表示频度高。
- Hiển thị tần suất cao.

晩ご飯は**だいたい**
ばん　はん
家で食べます。
いえ　た

晩ご飯は**たいてい**
ばん　はん
家で食べます。
いえ　た

月　火　水　木　金　土　日

晩ご飯は**ほとんど**
ばん　はん
家で食べます。
いえ　た

違うところ
ちが

量も表すことができるかどうかが違います。
りょう　あらわ　　　　　　　　　　　　ちが

- The difference is whether it can also describe quantity.
- 在是否也能用来表示数量上存在差异。
- Khác nhau ở việc có thể hiển thị số lượng hay không.

だいたい・ほとんど

頻度だけじゃなく、**量も表す**ことができます。
ひんど　　　　　　　　　りょう　あらわ

ただし、量を表すとき、「だいたい」は肯定文でしか使えません。
りょう　あらわ　　　　　　　　　こうていぶん　　つか

- It can describe not only frequency but also quantity. However, "だいたい" can only be used in an affirmative sentence to describe quantity.
- 不仅可以表示频率，也可以表示数量。但是，在表示数量时，"だいたい"仅用于肯定句中。
- Có thể hiển thị không chỉ cả tần suất mà còn số lượng. Tuy nhiên, khi hiển thị số lượng, 「だいたい」 chỉ sử dụng trong câu khẳng định.

たいてい

頻度だけを表します。
ひんど　　　　あらわ

- It only indicates frequency.
- 仅表示频率。
- Hiển thị chỉ tần suất.

○ 宿題が**だいたい**できました。
しゅくだい

○ 宿題が**ほとんど**できました。
しゅくだい

✕ 宿題が**たいてい**できました。
しゅくだい

確認問題 ▶ 答えは別冊 p.5
かくにんもんだい　　こた　　べっさつ

Q 正しい副詞を選んでください。
ただ　　ふくし　えら

答えが一つじゃないときもあります。
こた　ひと

1 日曜日は { だいたい ・ たいてい ・ ほとんど } 9時まで寝ます。
にちようび　　　　　　　　　　　　　　　　　　じ　　ね

2 日本へ来る前、日本語が { だいたい ・ たいてい ・ ほとんど } わかりませんでした。
にほん　く　まえ　にほんご

初級 もう   中級 すでに

もう・すでに

似ているところ
に

ある基準点に到達していたり超えていたり
き じゅんてん とうたつ   こ
することを表します。
あらわ

- It indicates that a certain standard point has been reached or exceeded.
- 表示相信的程度高。有时包含希望事情朝着这个方向发展的期待。
- Hiển thị việc đạt tới hay vượt qua một điểm chuẩn nào đó.

手紙を**もう**送りました。
て がみ   おく

手紙を**すでに**送りました。
て がみ   おく

違うところ
ちが

「すでに」は、書くときに使います。
か   つか
また、「すでに」は、動作や状態が完了したのが過去のときにしか使えません。
どう さ じょうたい かんりょう   か こ   つか
動作や状態が完了したのが現在であるときは、「もう」を使います。
どう さ じょうたい かんりょう   げんざい   つか

- "すでに" is used in written words. "すでに" can be used for an action or a situation that has already been completed in the past. If an action or a situation has just been completed now, you can use "もう".
- "すでに"用于书面时。此外，"すでに"仅用于动作或状态完成时是过去的时候。如果动作或状态完成时是现在的时候，用"もう"。
- 「すでに」sử dụng khi viết. Ngoài ra 「すでに」chỉ sử dụng khi động tác và trạng thái đã hoàn tất trong quá khứ. Khi động tác và trạng thái đã hoàn tất trong hiện tại thì sử dụng 「もう」.

ココが違う！

		話すとき	書くとき
完了したとき	過去	もう	すでに
	現在	もう	もう

○ もう帰る時間です。

✕ すでに帰る時間です。

確認問題 ▶ 答えは別冊 p.5

Q 正しい副詞を選んでください。
どちらも正しいときは、「どちらでもいい」を選んでください。

1 （作文で）

駅についたとき、電車は { もう ・ すでに ・ どちらでもいい } 出発していた。

2 さやか：明日までの宿題、今日出してもいいですか。

先生　：{ もう ・ すでに ・ どちらでもいい } できたの？　早いね。

3 （日記で）

今日から { もう ・ すでに ・ どちらでもいい } 夏休みだ。

今年の夏休みは、いろいろなところへ旅行に行きたい。

53

だんだん・どんどん・ますます

似ているところ
に

状態が変わっていく様子を表します。
じょうたい か ようす あらわ

- It indicates a condition of how things change.
- 表示状态变化的样子。
- Hiển thị việc trạng thái thay đổi.

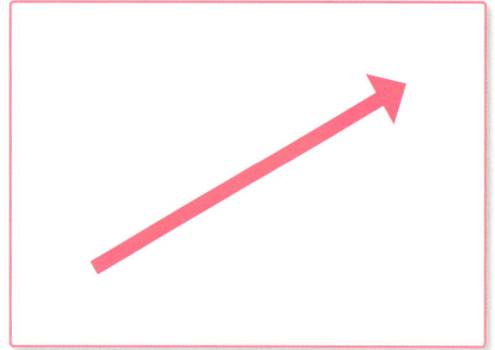

日本語がどんどん
に ほん ご
上手になります。
じょうず

日本語がますます
に ほん ご
上手になります。
じょうず

豹

犬

日本語がだんだん
に ほん ご
上手になります。
じょうず

ねこ

違うところ
ちが

状態が変わるときの様子が違います。
じょうたい か ようす ちが
また、動きといっしょに使えるかどうかが違います。
うご つか ちが

- The difference is a condition of how things change. It also differs in whether it can be used with an action.
- 状态变化时的样子存在差异。此外，在是否可以与动作一起使用上存在差异。
- Tình hình khi trạng thái thay đổi khác nhau. Và khác nhau ở chỗ có thể sử dụng cùng với hành động hay.

ヨコが違う！

だんだん	どんどん	ますます
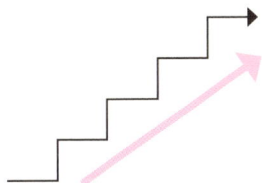	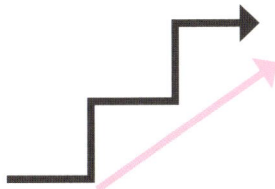	
少しずつ変わります。	力強く変わります。	高い程度からさらに高い程度に変わります。

○ だんだん元気になります。	○ どんどん元気になります。	○ ますます元気になります。
動きには使いません。	動きにも使うことができます。	動きには使いません。
✕ 船がだんだん進みます。	○ 船がどんどん進みます。	✕ 船がますます進みます。

第2章

確認問題 ▶ 答えは別冊 p.5

Q 正しい副詞を選んでください。答えが一つじゃないときもあります。

1 今日の晩ご飯はカレーライスですよ。たくさん作ったから、{ だんだん ・ どんどん ・ ますます } 食べてくださいね。

2 さっきまで静かだったのに、パーティーが始まったら、{ だんだん ・ どんどん ・ ますます } にぎやかになってきました。

やっと・ついに・とうとう・いよいよ

似ているところ
に

長い時間をかけて、最後の段階が実現した
なが じかん さいご だんかい じつげん
ことを表します。
あらわ

- It indicates that the final phase was realized after a lengthy period.
- 实现之前的样子, 或实现时的心情不同。
- Hiển thị việc thực hiện giai đoạn cuối cùng sau một thời gian dài.

明日からやっと
あした
夏休みだ。
なつやす

明日からとうとう
あした
夏休みだ。
なつやす

明日からついに
あした
夏休みだ。
なつやす

明日からいよいよ
あした
夏休みだ。
なつやす

違うところ
ちが

実現するまでの様子、または、実現したときの気持ちが違います。
じつげん ようす じつげん きも ちが

- The process of realizing it or the feeling when it was realized is different.
- 实现之前的样子, 或实现时的心情不同。
- Trạng thái cho đến khi thực hiện hay tâm trạng khi đã thực hiện khác nhau.

ココ が 違う！

やっと	ついに

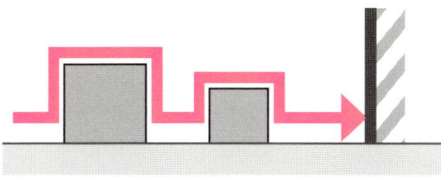

苦労したり頑張ったりして実現した様子を表します。

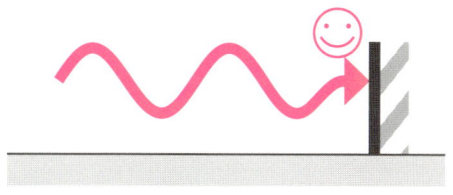

実現した出来事が望んでいたことであるときによく使います。
うれしいと思っています。

とうとう	いよいよ

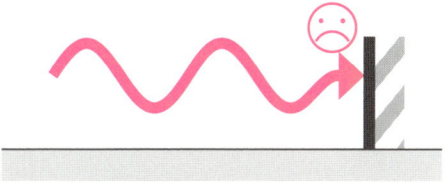

実現した出来事が望んでいたことではないときによく使います。
残念だと思っています。

大事な時が来たことを表します。どきどきしています。
今起こったこと、これから起こることを言うときに使います。

第2章

確認問題 ▶ 答えは別冊 p.5

Q 正しい副詞を選んでください。

1 1年間毎日頑張って勉強して、日本語能力試験のN1に { やっと ・ いよいよ } 合格することができました。

2 山本さんは仕事が忙しすぎて { ついに ・ とうとう } 病気になってしまいました。

3 来年、{ とうとう ・ いよいよ } 日本に留学します。楽しみです。

さっそく・すぐ

似ているところ
に

ある状況から次の状況までの時間が
じょうきょう　　つぎ　じょうきょう　　　　じかん
短いことを表します。
みじか　　　　　　あらわ

- It expresses that the time from one situation to the next is short.
- 在对于选择了的东西的心情上存在差异。
- Hiển thị việc khoảng thời gian từ trạng thái này đến trạng thái kế tiếp là ngắn.

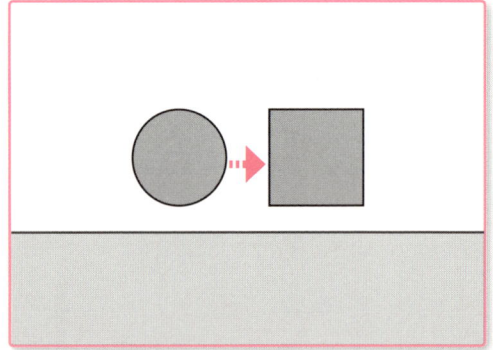

荷物が届いたので、
に もつ と ど
さっそく開けてみました。
あ

荷物が届いたので、
に もつ と ど
すぐ開けてみました。
あ

違うところ
ちが

後にくるのが動作だけなのかどうかが違います。
あと　　　　　　どう さ　　　　　　　　　ちが
また、動作に対する気持ちが違います。
どう さ　たい　　き も　　ちが

- The difference is whether what follows is an action only or not. Also, the feelings about the actions are different.
- 区别在于后面接的是不是只是动作。还有，对动作持有的心情不同。
- Sự khác biệt nằm ở việc điều đến sau có phải chỉ là hành động hay không. Ngoài ra, cảm giác đối với hành động cũng khác nhau.

ココが違う！

さっそく

後にくるのは動作です。そして、その動作は、話し手がしたいと思っている動作です。

- What follows this is an action. The action is the one that the speaker wants to take.
- 后面接的是动作。而且，这个动作是说话者想做的动作。
- Điều đến sau là hành động. Và hành động đó là hành động mà người nói muốn thực hiện.

すぐ

後にくるのは動作と状態です。その動作や状態について、特別な気持ちはありません。

- What follows this is an action and a state. There is no special feeling about that action or state.
- 后面接的是动作和状态。对这个动作和状态不带有特别的心情。
- Điều đến sau là hành động và trạng thái. Không có cảm giác đặc biệt nào về hành động hoặc trạng thái đó

〇 難しい本を読むと、すぐ眠くなります。

✕ 難しい本を読むと、さっそく眠くなります。

第2章

確認問題 ▶ 答えは別冊 p.5

Q 正しい副詞を選んでください。
どちらも正しいときは、「どちらでもいい」を選んでください。

1 夏休みになったら、{ さっそく・すぐ・どちらでもいい } 国へ帰ります。

2 これを読んだら、使い方が { さっそく・すぐ・どちらでもいい } わかります。

✿ ワンポイント

「すぐ」は、場所が近いことも表すことができるよ！

コンビニは、ここからすぐ近くにあります。

59

ぜひ・必ず・きっと
かなら

似ているところ
に

強く思っていることを表します。
つよ おも あらわ

- It indicates a strong feeling.
- 表示强烈的想法。
- Hiển thị việc mình nghĩ mạnh mẽ như vậy.

ぜひ合格したいです。
ごうかく

必ず合格したいです。
かなら ごうかく

きっと合格すると思います。
ごうかく おも

違うところ
ちが

どんな文に使えるか、どのくらい強く思っているかが違います。
ぶん つか つよ おも ちが

- The differences are what kind of sentences it can be applied to or how strong you feel about it.
- 在使用在什么样的句子中，或者是想法的强烈程度上存在差异。
- Khác nhau ở việc có thể sử dụng trong những câu văn thế nào và suy nghĩ mạnh đến mức nào.

ココが違う！

どんな文に使えるか

「ぜひ」は、自分の希望を言ったり、相手に依頼したりする文で使います。

例　ぜひ会いたいです。
　　神戸にもぜひ遊びに来てください。

どのくらい強く思っているか

「必ず」は、100%そうであると信じているときに使います。また、いつもそうであることにも使うことができます。

例　この薬を飲むと、必ず治ります。
　　　　→100%治ると信じています。
　　スミスさんは、朝起きると必ず水を飲みます。

「きっと」は、そうであると強く信じていますが100%ではありません。

また、いつもそうであることに使うことはできません。

例　この薬を飲むと、きっと治ります。
　　　　→100%治るかどうかはわかりませんが、
　　　　　治ると強く信じています。
　　✕スミスさんは、朝起きるときっと水を飲みます。

第2章

確認問題 ▶ 答えは別冊 p.5

Q 正しい副詞を選んでください。

1 太陽は { ぜひ・必ず・きっと } 東からのぼります。

2 { ぜひ・必ず・きっと } いっしょに働きませんか。

3 コートがないから、クマールさんは { ぜひ・必ず・きっと } 外に出かけたのだろう。

せっかく・わざわざ

似ているところ
に

目的にむかって、頑張って動作を行った、
もくてき がんば どうさ おこな
または行うことを表します。
おこな あらわ

- It indicates an action taken or will be taken with all the effort to achieve a goal.
- 表示朝着目标，努力付出过行动，或者是即将行动。
- Hiển thị việc đã hoặc sẽ cố gắng hướng tới mục đích, tiến hành hành động.

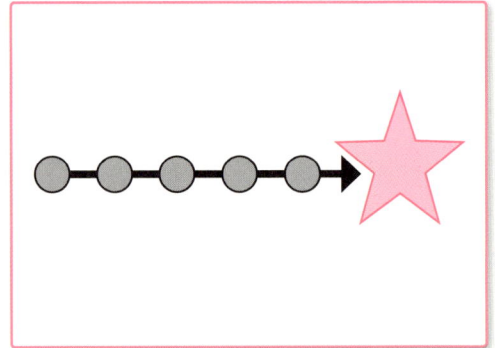

わざわざ作ったのに、
つく
誰も食べてくれません。
だれ た

せっかく作ったのに、
つく
誰も食べてくれません。
だれ た

違うところ
ちが

頑張って行う、または行った動作に対する気持ちが違います。
がんば おこな おこな どうさ たい きも ちが
また、意志的ではない動作や状態に使えるかどうかが違います。
いしてき どうさ じょうたい つか ちが

- The feelings about an action taken or will be taken with all the effort are different. Also, there is a difference in whether these expressions can be used for unintentional actions or states.
- 在对付出努力的行动、或者是付出过的行动的心情上存在差异。此外，在是否可以用于无意识的动作、状态上也存在差异。
- Cảm xúc đối với hành động sẽ cố gắng tiến hành hoặc đã tiến hành là khác nhau. Ngoài ra, có sự khác nhau giữa việc có sử dụng với trạng thái và hành động không có ý chí hay không.

＼ココが違う！／

せっかく	わざわざ

せっかく

その動作をいいことだと思っています。

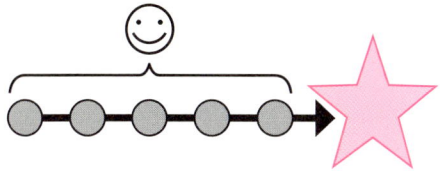

○ せっかく早く起きたので、学校に行く前にジョギングをしよう。

✕ せっかく早く起きてしまったので、学校に行く前にジョギングをしよう。

意志的ではない動作や状態に使うこともできます。

○ せっかく休みの日なんだから、ゆっくり休もう。

わざわざ

その動作を大変なことだと思っています。いいことじゃないときもあります。

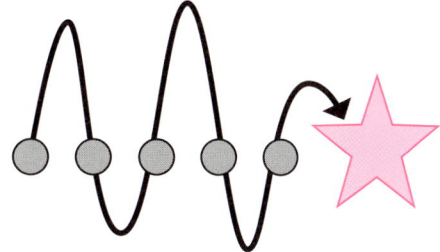

○ バスがあるのに、わざわざ歩いて帰った。

✕ バスがあるのに、せっかく歩いて帰った。

意志的ではない動作や状態に使うことはできません。

✕ わざわざ休みの日なんだから、ゆっくり休もう。

第2章

🐰 **確認問題** ▶ 答えは別冊 pp.5-6

Q 正しい副詞を選んでください。

どちらも正しいときは、「どちらでもいい」を選んでください。

1 { せっかく ・ わざわざ ・ どちらでもいい } 早く起きてお弁当を作ったのに、家においてきてしまいました。

2 { せっかく ・ わざわざ ・ どちらでもいい } いい天気だから、あとで散歩に行こう。

14 気持ちを表す副詞

きっと・たしかに

似ているところ

間違いなく成立すると思っていることを表します。

- It indicates that the speaker is sure it will work.
- 表示肯定成立的想法。
- Hiển thị điều mình tin rằng chắc chắn sẽ hình thành.

加藤さんは**きっと**ギターが弾けます。

加藤さんは**たしかに**ギターが弾けます。

違うところ

そのように思っている理由のタイプが違います。

- The types of reasons why the speaker thinks so are different.
- 有这样想法的理由类型不同。
- Kiểu lý do mà mình nghĩ như vậy là khác nhau

ココが違う！

きっと	たしかに
状況から自分で予想したことなど、**主観的なことが理由**です。	自分で直接見たり聞いたりしたことなど、**客観的なことが理由**です。

- The reasons are subjective, such as what the speaker predicts by the situation.
- 理由是基于状况所做的个人预测等主观因素。
- Những việc mang tính chủ quan, như những gì mình dự đoán từ tình huống…là lý do.

加藤さんは**きっと**ギターが弾けます。

- The reasons are objective, such as what the speaker has seen or heard directly.
- 理由是基于自己直接看到的或听到的事情等客观因素。
- Những điều khách quan, như những gì mình đã trực tiếp thấy hoặc nghe… là lý do.

加藤さんは**たしかに**ギターが弾けます。

確認問題 ▶ 答えは別冊 p.6

Q 正しい副詞を選んでください。

1
あかね：キムくん、遅いね。

ジョー：キムくん、いつも夜にゲームしてるらしい。

　　　　{ きっと・たしかに } 寝坊したんだよ。電話してみる？

2 （レストランで）

シルバ：このレストラン、食べ物も飲み物も高いですね。

陳　　：（メニューを見ながら）{ きっと・たしかに } 高いですね。

✳ ワンポイント

「たしか」は「たしかに」と形が似ているけど、使い方が違うよ。
「たしか」は、覚えていることが理由なんだけど、
覚えていることが間違っているかもしれないという気持ちがあるんだ。

⭕ 加藤さんは**たしか**ギターが弾けます。違うかもしれませんが…。

❌ 加藤さんは**たしかに**ギターが弾けます。違うかもしれませんが…。

気持ちを表す副詞
きも　あらわ　ふくし

むしろ・かえって

似ているところ
に

二つをくらべて、どちらか一つを選んだこ
ふた
とを表します。
ひと　えら
あらわ

- It expresses the act of comparing two things and choosing one of them.
- 表示两者相比，选择了其中一个。
- Hiển thị việc so sánh hai cái và chọn một.

バスより歩く方が
ある　ほう
むしろ速い。
はや

バスより歩く方が
ある　ほう
かえって速い。
はや

違うところ
ちが

選んだものに対する気持ちが違います。
えら　　　たい　　きも　　ちが

- The feelings toward the chosen option are different.
- 在对于选择了的东西的心情上存在差异。
- Cảm xúc đối với việc đã chọn khác nhau.

ココが違う!

むしろ

二つをくらべて選んだということだけを表します。

- It simply indicates that a choice was made after comparing two options.
- 表示只是比较两者之后做出了选择。
- Chỉ hiển thị việc đã so sánh và chọn giữa hai thứ.

> 外で食べるより、家で食べる方が
> **むしろお金がかかります。**

(外で食べるとき、家で食べるときにかかる
お金の比較をしているだけです。)

かえって

期待や予想と反対であるという気持ちがあります。

- It indicates a feeling that it is the opposite of what the speaker expected.
- 表示与期待或预想相反的心情。
- Có cảm giác trái ngược với kỳ vọng hoặc dự đoán.

> 外で食べるより、家で食べる方が
> **かえってお金がかかります。**

(家で食べると、お金があまりかからないと
思っていました。でも、違いました。)

第2章

確認問題 ▶ 答えは別冊 p.6

Q より自然な副詞を選んでください。

1 アイン：今日、暖かいね。

さやか：そう？　暖かいというより、{ かえって・むしろ } 暑いかも。

2 痩せるために毎日運動したら、{ かえって・むしろ } 体重が増えてしまいました。

副詞だけでも言いたいことが通じる!?

次の会話を見てください。

さやか： けんたくん、ダイエット始めたって言ってたよね。体重、減ってる？

けんた： それがなかなかね…。毎日運動してるのに、痩せないんだよね。

さやか： あ、やっぱり。

けんた： やっぱりって…。

さやか： けんたくん、いつも甘いものばかり食べてるからさ。

けんた： 毎日運動してるし、いいかなと思って…。甘いものも減らした方がいいかな。

さやか： もちろん。甘いものは、ダイエットの敵だからね。

　上の会話では、副詞だけを使っている文が三つあります。みなさんは、それぞれ何を意味しているかわかりましたか。日本語ではこのように、**副詞だけでも言いたいことが通じる**ことがあります。同じ言葉といっしょに使うことが多かったり、その副詞が持つ意味が一つだけだったりすると、最後まで言わなくても言いたいことを伝えることができます。

　次の文はどうでしょうか。アントニオくんと田中さんの言いたいことが何かわかりますか。

リン： アントニオくん、中国語も話せるの？

アントニオ： 全然。

田中： じゃ、私はそろそろ…。

山本： あ、もう6時ですね。私も帰ります。

※会話の中にある副詞の意味は、別冊p.6を見てください。

イメージしながら覚えよう

あまりに・あまりにも

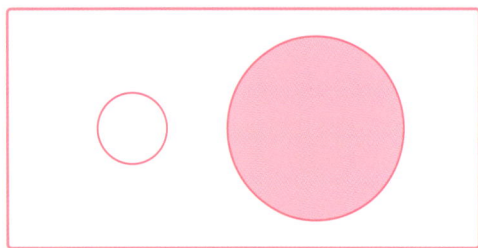

このカバンはあまりに・あまりにも
大きすぎます。
　　　　　　　　おお

程度が高いことを表します。
てい ど　たか　　　　　　あらわ
肯定文で使います。
こうていぶん　　つか

- It indicates a high degree. It is used in an affirmative sentence.
- 表示程度高。在肯定句中使用。
- Hiển thị mức độ cao. Sử dụng trong câu khẳng định.

確認問題 ▶ 答えは別冊 p.7
かく にん もん だい　　こた　　べっさつ

Q 正しい副詞を選んでください。
　　　ただ　　　　ふく し　　えら

1 バスで行くことにしました。飛行機のチケットが { あまり ・ あまりにも } 高いからです。
　　　　　　い　　　　　　　　　　　ひ こう き　　　　　　　　　　　　　　　　　　　　　　　　たか

2 冷めると { あまり ・ あまりに } おいしくないです。早めに食べてください。
　　　さ　　　　　　　　　　　　　　　　　　　　　　　　　　　　　はや　　た

＊「あまり」 ▶ p.18

＊ ワンポイント

「あまりに・あまりにも」は「**とても**」に似ているよ。
　　　　　　　　　　　　　　　　　　に
でも、「あまりに・あまりにも」は、**思っていたより程度が高くて**
　　　　　　　　　　　　　　　　　　おも　　　　　　てい ど　たか
驚いたり困ったりしたときに使うんだ。
おどろ　　こま　　　　　　　　　つか

電気代が**あまりに（あまりにも）**高くて、びっくりした。
でん き だい　　　　　　　　　　　たか

70

いちばん

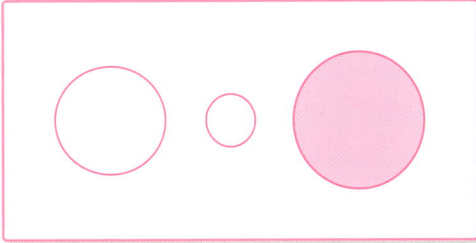

たかし君の家は、この町で
くん いえ まち
いちばん大きいです。
おお

たかしくん
の家

程度がもっとも高いことを表します。
ていど たか あらわ

- It indicates the highest degree.
- 表示程度为最高。
- Hiển thị mức độ cao nhất.

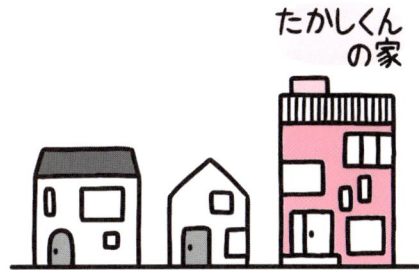

確認問題 ▶ 答えは別冊 p.7
かくにんもんだい こた べっさつ

Q 正しい副詞を選んでください。
ただ ふくし えら

1 私はこのクラスで { いちばん ・ ずっと } 背が高いです。
わたし せ たか

2 スポーツの中でサッカーが { いちばん ・ ずっと } 好きです。
なか す

3 海より山の方が { いちばん ・ ずっと } 好きです。
うみ やま ほう す

＊「ずっと」 ⊃ p.40

🌸 ワンポイント

「いちばん」は「もっとも」と似ているよ。
に
でも、使い方が少し違うんだ。
つか かた すこ ちが
違いについて知りたい人は、⊃ p.92を見てね。
ちが ひと み

時間を表す副詞
じかん あらわ ふくし

いつか

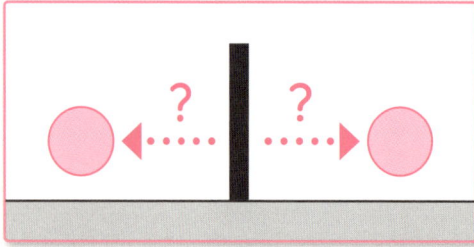

私はいつか医者になりたいです。
わたし   いしゃ

いつのことかはっきり言えないときに
い
使います。
つか

- It is used when you cannot clarify exactly when it happened.
- 时间不确定时使用。
- Sử dụng khi không thể nói rõ đó là chuyện khi nào.

確認問題 ▶ 答えは別冊 p.7
かく にん もん だい   こた   べっさつ

Q 正しい副詞を選んでください。
ただ   ふくし えら

どちらも正しいときは、「どちらでもいい」を選んでください。
ただ   えら

1 アントニオ：{ いつか ・ いつ ・ どちらでもいい } いっしょに旅行に行かない？
りょこう い

ジョー　　：いいね！

2 東京駅は { いつか ・ いつも ・ どちらでもいい } 人が多いです。
とうきょうえき   ひと おお

3 リムシャ：ジョエルさんって知ってる？
し

オリビア：ジョエル？　あ、{ いつか ・ 今度 ・ どちらでもいい } れん君が紹介してくれ
こんど   くん しょうかい

た人かも。
ひと

さっき

さっき道で財布を拾いました。
みち さいふ ひろ

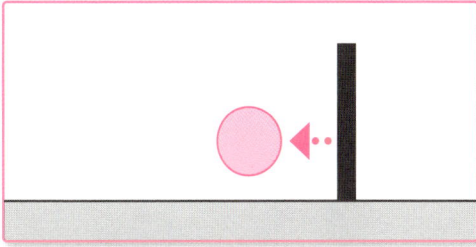

今より少し前の時間を表します。
いま すこ まえ じかん あらわ

- It indicates the time just before now.
- 表示比现在稍前的时间。
- Hiển thị thời gian trước đây một tí.

第3章

確認問題 ▶ 答えは別冊 p.7
かくにんもんだい こた べっさつ

Q 正しい副詞を選んでください。
ただ ふくし えら

どちらも正しいときは、「どちらでもいい」を選んでください。
ただ えら

1 リン ：{ さっき ・ もう ・ どちらでもいい }アントニオからおもしろい話を聞いたんだけど…。
はなし き

ホセ ：えっ、どんな話？　僕も知りたい！
はなし ぼく し

2 ドナ ：駅前のお弁当屋さんって何時から開いてるか知ってる？
えきまえ べんとうや なんじ あ し

キム ：あ、そのお弁当屋さんなら、{ さっき ・ もう ・ どちらでもいい } 開いてるよ。僕
べんとうや あ ぼく

も学校に来る前に買ってきた。
がっこう く まえ か

＊「もう」 ➲ p.52

✿ワンポイント

「さっき」は話すときに使う言葉だよ。
はな つか ことば

いっしょに

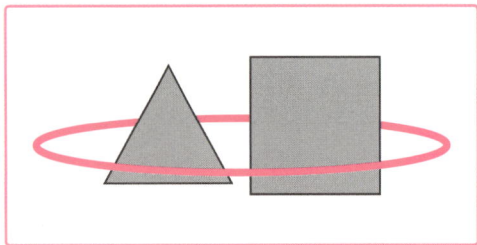

友達といっしょに勉強します。
ともだち べんきょう

ほかの人と同じ動作をすることを表しま
ひと おな どうさ あらわ
す。

- It indicates that you are to perform the same as the other person.
- 表示与其他人的动作一样。
- Hiện thị việc tiến hành hành động giống với người khác.

確認問題 ▶ 答えは別冊 p.7
かくにんもんだい こた べっさつ

Q 正しい副詞を選んでください。
ただ ふくし えら
どちらも正しいときは、「どちらでもいい」を選んでください。
ただ えら

1 阿部 ：今度の日曜日、{ いっしょに ・ いつも ・ どちらでもいい } テニスをしませんか。
あべ こんど にちようび

ロッシ：いいですね！

2 日曜日は、姉と{ いっしょに ・ いつも ・ どちらでもいい } 買い物に行きます。
にちようび あね か もの い

＊「いつも」⤴ p.24

❋ ワンポイント

動物にも使えるよ！
どうぶつ つか

庭で犬といっしょに遊びました。
にわ いぬ あそ

はじめて

$\times\times\times\times\times\times$ ◯

日本ではじめて生の魚を食べました。
に ほん なま さかな た

それまで経験したことがなく、
けいけん

最初の経験であることを表します。
さいしょ けいけん あらわ

- It indicates the first-ever experience.
- 表示目前为止没有经历过的，是初次的经验。
- Hiển thị việc trước đây chưa từng có kinh nghiệm, đây là lần đầu trải nghiệm.

第3章

確認問題 ▶ 答えは別冊 p.7
かくにんもんだい こた べっさつ

Q 正しい副詞を選んでください。
ただ ふくし えら

どちらも正しいときは、「どちらでもいい」を選んでください。
ただ えら

1 10歳のとき、{ はじめて ・ 最初に ・ どちらでもいい } 映画館で映画を見ました。
さい さいしょ えいがかん えいが み

2 家に帰ったら、{ はじめて ・ まず ・ どちらでもいい } 手を洗います。
いえ かえ て あら

☀ワンポイント

「はじめに」と形が似ているけど、
かたち に

「はじめに」は順番を表す言葉だからね。間違えないで！
じゅんばん あらわ ことば まちが

はじめに、お金を入れてください。
かね い

次に、ボタンを押してください。
つぎ お

それから…

まっすぐ

この道をまっすぐ行くと、
みち　　　　　　　　　　い
お寺があります。
てら

直線のような様子であることを
ちょくせん　　　　　　　　ようす
表します。
あらわ

- It indicates a condition like a straight line.
- 表示像直线一样的样子。
- Hiển thị trạng thái như đường thẳng.

![rabbit] **確認問題** ▶ 答えは別冊 pp.7-8
かくにんもんだい　　こた　　べっさつ

Q 正しい副詞を選んでください。
ただ　　ふくし　えら
どちらも正しいときは、「どちらでもいい」を選んでください。
ただ　　　　　　　　　　　　　　えら

1 お腹が痛くて、{ まっすぐ ・ すぐ ・ どちらでもいい } 立っていることができません。
なか いた　　　　　　　　　　　　　　　　　　　　　　　た

2 10分後に会議を始めますので、机を { まっすぐ ・ すぐ ・ どちらでもいい } 並べてくださ
ぷんご　かいぎ　はじ　　　　つくえ　　　　　　　　　　　　　　　　　　　なら
い。

＊「すぐ」 ⤴ p.58

＊ ワンポイント

他のことを何もしないで、目的地まで行く様子を表すこともできるよ！
ほか　　　なに　　　　もくてきち　い　ようす　あらわ

昨日はどこにも寄らずに、**まっすぐ**家へ帰った。
きのう　　　　よ　　　　　　　　　　いえ かえ

一生懸命
いっ しょう けん めい

試験に合格するために、
しけん ごうかく
一生懸命勉強します。
いっしょうけんめいべんきょう

努力をしたり熱心であったりする様子を
どりょく ねっしん ようす
表します。
あらわ

- It indicates a condition of being hardworking or dedicated.
- 表示努力或热心的样子。
- Hiển thị trạng thái nỗ lực hoặc nhiệt tình.

第3章

確認問題 ▶ 答えは別冊 p.8
かくにんもんだい こた べっさつ

Q より自然な副詞を選んでください。
しぜん ふくし えら
どちらも自然なときは、「どちらでもいい」を選んでください。
しぜん えら

1 ギターが上手になりたかったら、毎日 { 一生懸命 ・ まじめに ・ どちらでもいい } 練習
じょうず まいにち いっしょうけんめい れんしゅう
しなければなりません。

2 質問をしても、彼は冗談ばかり言って、{ 一生懸命 ・ まじめに ・ どちらでもいい } 答え
しつもん かれ じょうだん い いっしょうけんめい こた
てくれませんでした。

✹ ワンポイント
「一所懸命」と書いて、「いっしょけんめい」と言うときもあるよ。
いっしょけんめい か い

いろいろ

野菜をいろいろ買ってきました。
やさい か

種類が多い様子を表します。
しゅるい おお ようす あらわ

- It indicates that there are multiple types.
- 表示种类多的样子。
- Hiển thị trạng thái có nhiều chủng loại.

確認問題 ▶ 答えは別冊 p.8
かくにんもんだい こたえ べっさつ

Q 正しい副詞を選んでください。
ただ ふくし えら
どちらも正しいときは、「どちらでもいい」を選んでください。
ただ えら

1 ビュッフェ*に行くと、{ いろいろ ・ たくさん ・ どちらでもいい } 食べることができます。
い た

2 映画館の前に、学生が { いろいろ ・ たくさん ・ どちらでもいい } 集まっています。
えいがかん まえ がくせい あつ

*ビュッフェ：buffet　自助餐　tiệc đứng, tiệc buýp- phê

❋ ワンポイント

「いろいろと」という形で使われることもあるよ！
かたち つか

野菜をいろいろと買ってきました。
やさい か

そろそろ

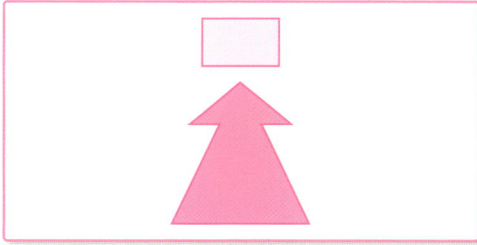

そろそろ帰ります。
かえ

ある動作を始めたり、ある状態になった
どう さ はじ じょうたい
りする時間に近づいていることを表しま
じ かん ちか あらわ
す。

- It indicates that the speaker will start a certain action soon or that the time of being in a certain situation is approaching.
- 表示即将开始某个动作或即将进入某个状态。
- Hiển thị việc bắt đầu một hành động nào đó hoặc đang đến gần thời điểm trở thành một trạng thái nào đó.

第3章

確認問題 ▶ 答えは別冊 p.8
かく にん もん だい こた べっさつ

Q 正しい副詞を選んでください。
ただ ふく し えら
どちらも正しいときは、「どちらでもいい」を選んでください。
ただ えら

1 { そろそろ ・ もう ・ どちらでもいい } 会議の時間です。
かい ぎ じ かん

2 飛行機のチケットは { そろそろ ・ もう ・ どちらでもいい } 買いました。ホテルはこれか
ひ こう き か
ら予約します。
よ やく

※「もう」 ➡ p.52

❋ ワンポイント

「そろそろ」は、動作を、静かに、または、ゆっくり行う様子を
どう さ しず おこな よう す
表すときもあるよ！
あらわ

足が痛かったので、そろそろ歩いた。
あし いた ある

79

急に
きゅう

急に雨が降り始めました。
（きゅう あめ ふ はじ）

思っていなかったことが、短い時間で起こ
（おも） （みじか じかん お）
る、または、起こったことを表します。
（お） （あらわ）

- It expresses that something unexpected happens or happens in a short time.
- 表示意料之外的事情，在短时间内即将发生／发生了。
- Hiển thị việc không nghĩ đến đã xảy ra / sẽ xảy ra trong thời gian ngắn.

確認問題 ▶ 答えは別冊 p.8
（かくにんもんだい こたえ べっさつ）

Q 正しい副詞を選んでください。
（ただ ふくし えら）

1 手を洗っているとき、水が { 急に・すぐ } 出なくなりました。
（て あら） （みず きゅう） （で）

2 雨が止んだら、{ 急に・すぐ } 出かけよう。
（あめ や） （きゅう） （で）

＊「すぐ」⤵ p.58

✳ワンポイント

「突然」という副詞も「急に」と似ているよね。
（とつぜん ふくし きゅう に）
「突然」は、「急に」の時間より短い時間で（＝瞬間的に＊）起こったことに使ってね。
（とつぜん きゅう じかん みじか じかん しゅんかんてき お つか）

○ 突然電車が止まりました。
（とつぜんでんしゃ と）

✕ 昨日から突然寒くなりました。
（きのう とつぜんさむ）

＊瞬間的に：
immediately
一瞬間
trong giây lát, mang tính tức thời

どうも

田中さんは、**どうも**
たなか
風邪を引いたようです。
かぜ ひ

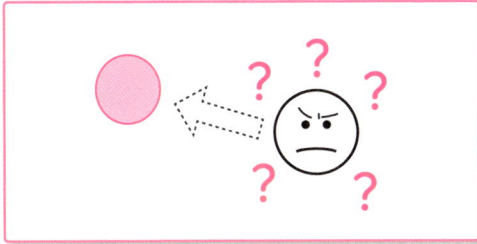

そのように考えた<u>理由</u>はありますが、<u>確か</u>
かんが りゆう たし
<u>ではない気持ち</u>を表します。
きも あらわ

- It expresses the speaker's uncertain feelings despite having reasons for thinking that way.
- 表示虽然有理由这样想，但是是一种不确定的心情。
- Có lý do để suy nghĩ như vậy, nhưng cảm thấy không chắc chắn.

確認問題 ▶ 答えは別冊 p.8
かくにんもんだい こた べっさつ

Q 正しい副詞を選んでください。
ただ ふくし えら
どちらも正しいときは、「どちらでもいい」を選んでください。
ただ えら

1 鈴木さんによると、明日は { どうも・たぶん・どちらでもいい } 雨らしい。
すずき あした あめ

2 オリビア：あ、電車に傘を置いてきちゃった。どうしよう。
でんしゃ かさ お

はるな ：駅に電話してみたらどう？ { どうも・たぶん・どちらでもいい } 探してく
えき でんわ さが
れると思うよ。
おも

＊「たぶん」➜ p.34

＊ワンポイント

否定文で使うときは、疑問に思う気持ちを表すよ！
ひていぶん つか ぎもん おも きも あらわ

毎日勉強しても、日本語が**どうも**上手にならない。どうしてだろう。
まいにちべんきょう にほんご じょうず

いくら・どんなに

いくら・どんなに起こしても、
お
起きない。
お

程度が高いことを表します。
てい ど たか あらわ
程度は高いですが、結果に影響しません。
てい ど たか けっか えいきょう

- It indicates a high degree. Although the degree may be high, it will not affect the result.
- 表示程度高。虽然程度是高的，但是对结果不产生影响。
- Hiển thị mức độ cao. Mức độ cao nhưng không ảnh hưởng đến kết quả.

確認問題 ▶ 答えは別冊 p.8
かく にん もん だい こた べっさつ

Q 正しい副詞を選んでください。
ただ ふく し えら
どちらも正しいときは、「どちらでもいい」を選んでください。
ただ えら

1 { いくら ・ どんなに ・ どちらでもいい } お金があったら、アメリカに留学することができ
かね りゅうがく
ますか。

2 { いくら ・ どんなに ・ どちらでもいい } 安くても、ほしくなかったら買いません。
やす か

✳ ワンポイント

「いくら」は、「どんなに」とくらべて、

回数や量が多いことを表したいときによく使うよ。
かいすう りょう おお あらわ つか

いくら電話しても、つながりません。（→電話する回数が多いです。）
でん わ でん わ かいすう おお
いくら食べても、お腹が空きます。（→食べる量が多いです。）
た なか す た りょう おお

やっぱり

やっぱり田中さんでした。
たなか

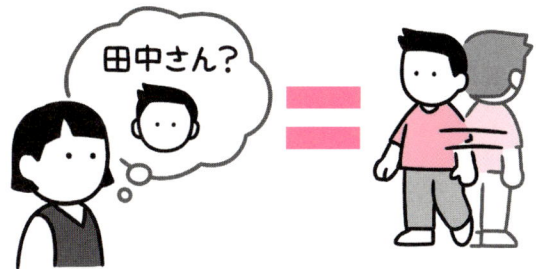

田中さん？

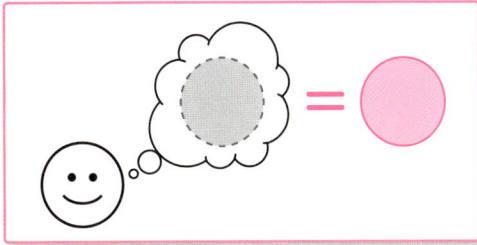

予想や期待と同じであることを表します。
よそう きたい おな あらわ

- It indicates that it is the same as a prediction or expectation.
- 表示与预想和期待相同。
- Hiển thị điều gì đó giống với dự đoán hoặc kỳ vọng.

第3章

🐰 確認問題 ▶ 答えは別冊 p.8
かくにんもんだい こた べっさつ

Q 正しい副詞を選んでください。
ただ ふくし えら
どちらも正しいときは、「どちらでもいい」を選んでください。
ただ えら

1 高橋さんは熱があると言っていました。今日は会社に来ないだろうと思っていましたが、
たかはし ねつ い きょう かいしゃ こ おも
{ やっぱり・きっと・どちらでもいい } 来ませんでした。
き

2 富士山は { やっぱり・きっと・どちらでもいい } きれいだと思います。
ふじさん おも

＊「きっと」⊃ p.34

🐰 ❋ワンポイント

「やっぱり」は**話すときに使う言葉**だよ。
はな つか ことば
丁寧に話したいときや書くときは、「やはり」を使ってね。
ていねい はな か つか

本当に
ほん とう

嘘ではないことを表します。
うそ あらわ

本当にうれしいです。
ほんとう

- It indicates it is not a lie.
- 表示不是谎言。
- Hiển thị việc không phải là nói dối.

確認問題 ▶ 答えは別冊 p.9
かくにんもんだい こた べっさつ

Q 正しい副詞を選んでください。
ただ ふくし えら

どちらも正しいときは、「どちらでもいい」を選んでください。
ただ えら

1 昨日は { 本当に ・ とても ・ どちらでもいい } 暑かったです。
きのう ほんとう あつ

2 ジョエル：宇宙人＊って、{ 本当に ・ とても ・ どちらでもいい } いると思う？
うちゅうじん ほんとう おも

ソフィア：うーん。いないと思う。
おも

＊宇宙人：Aliens　外星人　Người ngoài hành tinh
うちゅうじん

＊「とても」 ⤵ p.18

★ ワンポイント

「本当に」は、「とても」のように程度が高いことを表す副詞ではないんだ。
ほんとう ていど たか あらわ ふくし

嘘ではないことを表す副詞だから、次のように使うこともできるよ。
うそ あらわ ふくし つぎ つか

これは、本当にあった話です。
ほんとう はなし

実は
じつ

> 実は、来月結婚します。
> じつ　らいげつけっこん

隠していたことや、これまで言っていな
かく　　　　　　　　　　　　　　　　　　い
かったことを言うときに使います。
　　　　　　い　　　　つか

- It is used when the speaker says something that they have been hiding or have not said before.
- 在说隐瞒的事情或之前没有说过的事情时使用。
- Sử dụng khi nói ra những điều đã giấu kín hoặc chưa nói ra trước đây.

確認問題 ▶ 答えは別冊 p.9
かくにんもんだい　　　こた　　べっさつ

Q より自然な副詞を選んでください。
　　しぜん　ふくし　えら
どちらも自然なときは、「どちらでもいい」を選んでください。
　　　　しぜん　　　　　　　　　　　　　　　　えら

1 れん：僕、今まで言ってなかったんだけど、{ 実は ・ 本当に ・ どちらでもいい }オース
　　　　ぼく　いま　　い　　　　　　　　　じつ　　ほんとう
トラリアで生まれたんだ。
　　　　う

　ドナ：えっ！　知らなかった。
　　　　　　　　し

2 { 実は ・ 本当に ・ どちらでもいい }トマトが苦手だ。
　　じつ　　ほんとう　　　　　　　　　　　　　にがて
トマトを見るだけで、お腹が痛くなってしまう。
　　　　み　　　　　　なか　いた

3 あかね：{ 実は ・ 本当に ・ どちらでもいい } 誰にも言わないでね。
　　　　　　じつ　　ほんとう　　　　　　　　　　だれ　　い

　アイン：わかった。

＊「本当に」 ▶ p.84
　　ほんとう

第3章

きも あらわ ふくし

もちろん

OK

発表の準備、終わった？
はっぴょう じゅんび お

もちろん終わったよ！
お

当たり前である気持ちを表します。
あ まえ きも あらわ

- It expresses a feeling of being obvious and not surprising.
- 表示理所当然的心情。
- Diễn tả cảm giác rằng điều đó là hiển nhiên.

確認問題 ▶ 答えは別冊 p.9
かく にん もん だい こた べっさつ

Q 正しい副詞を選んでください。
ただ ふくし えら

どちらも正しいときは、「どちらでもいい」を選んでください。
ただ えら

1 加藤 ：クマールさん、傘を借りてもいいですか。
かとう かさ か

クマール：{ もちろん ・ やっぱり ・ どちらでもいい } いいですよ。

2 北海道の冬は { もちろん ・ やっぱり ・ どちらでもいい } 寒い。
ほっかいどう ふゆ さむ

＊「やっぱり」 ⟳ p.83

❋ ワンポイント

「Xはもちろん、Yも〜」という形でもよく使うよ！
かたち つか

XもYも同じ状態（〜）であることを表すんだ。
おな じょうたい あらわ

鈴木さんは、英語は**もちろん**、スペイン語も上手です。
すずき えいご ご じょうず

ちょうど

サイズが**ちょうど**いいです。

話し手が持っている基準と一致したこと
を表します。

- It indicates conformity with the speaker's standards.
- 表示与说话者持有的基准一致。
- Diễn tả điều gì đó phù hợp với tiêu chuẩn mà người nói đặt ra.

第3章

確認問題 ▶ 答えは別冊 p.9

Q 正しい副詞を選んでください。どちらも正しいときは、「どちらでもいい」を選んでください。

1 王 ：エアコンをつけてもいいですか。

阿部：はい。私も { ちょうど ・ もちろん ・ どちらでもいい } 暑いと思っていました。

2 山本 ：よかったら、来週の土曜日、うちでいっしょにバーベキューをしませんか。

スミス：来週の土曜日ですか。その日は { ちょうど ・ もちろん ・ どちらでもいい } 用事
があって…。すみません。

＊「もちろん」 ⊃ p.86

❋ワンポイント

「ちょうど」がある文と、ない文の違いが分かる？

a.**ちょうど**5時になりました。

b.5時になりました。

「ちょうど」があると、5時になることを待っていた人のように聞こえるよ！

まるで

まるで雪が降っているようです。
ゆき ふ

あることについて、似ているものを例に
に
して説明するときに使います。肯定文で
せつめい つか こうていぶん
使います。
つか

- It is used when explaining something by giving an example of something similar. It is used in affirmative sentences.
- 针对某件事情以相似的事物为例进行说明时使用。用于肯定句。
- Sử dụng khi giải thích một điều gì đó bằng cách lấy những thứ tương tự làm ví dụ. Sử dụng trong câu khẳng định.

確認問題 ▶ 答えは別冊 p.9
かくにんもんだい こたえ べっさつ

Q 正しい副詞を選んでください。
ただ ふくし えら

1 ホセさんは歌が上手です。{ まるで ・ とても } プロの歌手みたいです。
うた じょうず かしゅ

2 隣の部屋からウクレレの音が聞こえる。{ まるで ・ とても } ハワイにいるみたいだ。
となり へや おと き

※「とても」 ⤵ p.18

✿ ワンポイント

「まるで」は、「ようだ」「みたいだ」とよく使われるよ！
つか

なかなか

期待していることが簡単に実現しないことを表します。否定文で使います。
きたい かんたん じつげん あらわ ひていぶん つか

- It expresses that something you expect will not come true easily. It is used in negative sentences.
- 表示期待的事情不容易实现。用于否定句。
- Hiển thị việc những điều kì vọng sẽ không dễ dàng thực hiện được. Sử dụng trong câu phủ định.

帰りたいのに、なかなか帰れません。
かえ かえ

第3章

確認問題 ▶ 答えは別冊 p.9
かくにんもんだい こた べっさつ

Q 正しい副詞を選んでください。
ただ ふくし えら
どちらも正しいときは、「どちらでもいい」を選んでください。
ただ えら

1 毎日運動しているのに、{ なかなか ・ 全然 ・ どちらでもいい } 痩せません。
まいにちうんどう ぜんぜん や

2 さっきから待っているのに、バスが { なかなか ・ あまり ・ どちらでもいい } 来ません。
ま き

＊「全然」 ⟳ p.21、「あまり」 ⟳ p.18, 21
ぜんぜん

✳ワンポイント

動詞の否定文で使ってね！　形容詞の否定文では使えないよ。
どうし ひていぶん つか けいようし ひていぶん つか

✖ お茶がなかなか熱くない。
ちゃ あつ

どうしても

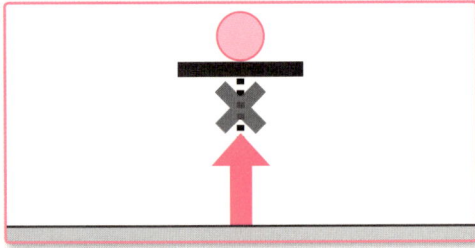

どうしても手が届きません。
て とど

どんなに頑張っても、実現しないことを
がん ば じつげん
表します。否定文で使います。
あらわ ひ ていぶん

- It expresses that something will not come true no matter how hard one tries. It is used in negative sentences.
- 表示无论怎样努力，也无法实现。用于否定句。
- Hiển thị việc cho dù có cố gắng đến mấy đi nữa, cũng không thực hiện được. Sử dụng trong câu phủ định.

確認問題 ▶ 答えは別冊 pp.9-10
かく にん もん だい こた べっさつ

Q 正しい副詞を選んでください。
ただ ふくし えら
どちらも正しいときは、「どちらでもいい」を選んでください。
ただ えら

1 昨日ラジオで聞いた歌のタイトルが { どうしても ・ どうして ・ どちらでもいい } 思い出せ
きのう き うた おも だ
ません。

2 ロッシ：{ どうしても ・ どうして ・ どちらでもいい } 牛乳を飲まないんですか。
ぎゅうにゅう の

 陳 ：牛乳を飲むと、お腹が痛くなるんです。
チン ぎゅうにゅう の なか いた

3 キム ：先生、{ どうしても ・ どうして ・ どちらでもいい } 漢字が覚えられません。
せんせい かんじ おぼ

 先生：漢字は難しいですよね。
せんせい かんじ むずか

決して
けっ

この部屋には決して入らないでください。
へ や　けっ
はい

否定の気持ちを強く表したいときに使い
ひ てい きも つよ あらわ つか
ます。否定文や禁止を表す文で使います。
ひ てい ぶん きん し あらわ ぶん つか

- It is used to express a strong negative feeling. It is used in negative sentences and sentences that express prohibition.
- 想要强烈表达否定的心情时使用。用于否定句和表示禁止的句式。
- Sử dụng khi muốn hiển thị mạnh mẽ cảm xúc phủ định. Sử dụng trong các câu văn hiển thị ý cấm đoán và câu phủ định.

第3章

確認問題 ▶ 答えは別冊 p.10
かく にん もん だい　こた べっさつ

Q 正しい副詞を選んでください。
ただ ふく し えら
どちらも正しいときは、「どちらでもいい」を選んでください。
ただ えら

1　飛行機では、{ 決して・ 全然 ・ どちらでもいい }たばこを吸ってはいけません。
ひ こう き　けっ　ぜんぜん　す

2　彼は { 決して・ 全然 ・ どちらでもいい } 悪い人じゃありません。
かれ　けっ　ぜんぜん　わる ひと

＊「全然」 ▶ p.21
ぜんぜん

❋ ワンポイント

「決して」は、自分と違う意見をもっている人がいるかもしれないときに使うよ。
けっ　じ ぶん ちが い けん　ひと　つか
そのような気持ちがない否定文では使いにくいから、気をつけてね。
きも　ひ てい ぶん つか　き

✖ 私は英語が決して分かりません。
わたし えい ご　けっ わ

それ、本当に同じ？

　副詞には、お互い意味が似ているものがたくさんあります。例えば、「いちばん」と「もっとも」はどちらも、いろいろある中で一つだけ程度が高いことを表します。「いちばん好きな日本料理は天ぷらです」と言っても、「もっとも好きな日本料理は天ぷらです」と言っても、意味は同じです。でも、この二つの副詞には、次のような違いがあります。

　まず、**「いちばん」は、カジュアルに話すとき**に使います。**「もっとも」は、書くときや、スピーチや発表をするときのように丁寧に話すとき**に使います。
　次に、「もっとも」だけが使える文があります。「もっとも好きな日本料理の一つは、天ぷらです」のような文です。「いちばん好きな日本料理の一つは、天ぷらです」と言うことはできません。どうしてでしょうか。

　「もっとも」は、選んだものだけじゃなくて、選んでいない、ほかのものも程度が高いときに使うことができます。例えば、「もっとも好きな日本料理は天ぷらです」と言うと、いちばん好きな日本料理は天ぷらだけど、お寿司やとんかつも好きかもしれません。**「いちばん」にそのようなニュアンスはありません。**そのため、「もっとも」だけが「○○の一つ」と言えるのです。

　このように、意味が似ている副詞でもどこかに必ず違いがあります。意味が少しずれていたり、「いちばん」「もっとも」のように、意味は同じでも、話すときに使うのか書くときに使うのかが違ったり使える場面が違ったりします。お互い意味が似ている副詞でも、「それ、本当に同じ？」という目で見てみましょう。

第4章

だい　しょう

確認しよう
かく　にん
副詞の使い分け
ふく　し　　つか　わ

— 第**1**回 — （　　）に入れるのにもっとも自然なものを、一つ選んでください。
　だい　かい　　　　　　い　　　　　　　　　　　　　　しぜん　　　　　　ひと　えら

1　全員、来ていますね。（　　）会議を始めましょう。
　　ぜんいん　き　　　　　　　　　　　かいぎ　はじ

　　①急に　　　　②まっすぐ　　　③さっそく　　　④やっと
　　　きゅう

2　ホラー映画は（　　）好きじゃありません。
　　　　えいが　　　　　　す

　　①少し　　　　②とても　　　③あまり　　　④ずいぶん
　　　すこ

3　A「あかねちゃんの誕生日パーティー、行く?」　B「（　　）行くよ!」
　　　　　　　　　　　たんじょうび　　　　　い　　　　　　　　　　　　い

　　①とても　　　②本当に　　　③やっぱり　　　④もちろん
　　　　　　　　　　ほんとう

4　A「今日が最後か…。寂しいね」　B「（　　）また会えるよ!　そう信じてる!」
　　　　きょう　さいご　　さび　　　　　　　　　　　　あ　　　　　　　しん

　　①きっと　　　②おそらく　　　③ぜひ　　　④たしかに

5　体が熱いです。（　　）熱があるようです。
　　からだ　あつ　　　　　　　ねつ

　　①必ず　　　　②どうも　　　③とうとう　　　④きっと
　　　かなら

6　小さいカメラなのに、（　　）重かったです。
　　ちい　　　　　　　　　　　　おも

　　①けっこう　　②ほとんど　　③どんどん　　　④必ず
　　　　　　　　　　　　　　　　　　　　　　　かなら

7　引っ越したいですが、いい家が（　　）見つかりません。
　　ひ　こ　　　　　　　　　　いえ　　　　　み

　　①もちろん　　②なかなか　　③ちょうど　　　④もっと

8　私たちは山の上に向かって（　　）登っていきました。
　　わたし　　　やま　うえ　む　　　　　　　　　のぼ

　　①だんだん　　②だいたい　　③どんどん　　　④ますます

9　箱に本が（　　）入っています。
　　はこ　ほん　　　　　　はい

　　①おおぜい　　②たくさん　　③とても　　　④あまりにも

10　弟はゲームが好きです。電話してみたら、（　　）ゲームセンターにいました。
　　おとうと　　　　す　　　　　でんわ

　　①かえって　　②とても　　　③実は　　　④やっぱり
　　　　　　　　　　　　　　　　　じつ

11	昨日、毎週見ていたドラマが（　　　）終わってしまいました。寂しいです。

① いよいよ　　　② とうとう　　　③ ついに　　　④ やっと

12	昼ご飯を食べたら眠くなったので、（　　　）寝ます。10分後に起こしてください。

① あまり　　　② 少し　　　③ とても　　　④ ぜひ

13	（　　　）涼しくなったのに、明日からまた暑くなるそうです。

① せっかく　　　② わざわざ　　　③ きっと　　　④ たしか

14	日本語を勉強している理由は（　　　）あります。

① いろいろ　　　② あまりに　　　③ とても　　　④ どんなに

15	（　　　）起きる時間？　　もっと寝たい…。

① すでに　　　② もう　　　③ まだ　　　④ いつか

16	（　　　）2〜3年ぐらい日本で働きたいです。

① ついに　　　② いつも　　　③ いつか　　　④ きっと

第4章

17	先週、クラシックコンサートに（　　　）行きました。

① まず　　　② 最初に　　　③ はじめに　　　④ はじめて

18	姉は私より（　　　）背が高いです。

① いちばん　　　② ずっと　　　③ とても　　　④ もっとも

19	山本さんの話が（　　　）おもしろくて、大声で笑ってしまいました。

① あまりに　　　② どんなに　　　③ けっして　　　④ たくさん

20	困っているとき、兄が（　　　）助けてくれました。

① さっき　　　② いつも　　　③ そろそろ　　　④ いつか

一第2回一 （　　）に入れるのにもっとも自然なものを、一つ選んでください。

1 手紙をもらって泣いてしまいました。（　　）うれしかったからです。

① どんなに　　② 必ず　　③ あまりにも　　④ どうも

2 （　　）8時です。そろそろ帰りましょう。

① すぐ　　② さっそく　　③ もう　　④ すでに

3 新聞を（　　）読みません。

① とても　　② たくさん　　③ 少し　　④ あまり

4 都会は田舎より家賃が（　　）高いです。

① ずっと　　② たくさん　　③ とても　　④ いちばん

5 変な味がします。この牛乳は（　　）腐っているようです。

① とうとう　　② 必ず　　③ きっと　　④ どうも

6 A「このカフェのケーキ、（　　）おいしいよ！」　B「そうなんだ。今度食べてみるよ」

① すごく　　② たくさん　　③ たいへん　　④ あまり

7 やめたいのに、（　　）タバコをやめられません。

① どうしても　　② あまり　　③ 決して　　④ 実は

8 ゴールに向かって（　　）走ります。

① まっすぐ　　② 急に　　③ いちばん　　④ せっかく

9 （　　）一人で大丈夫ですか？　心配だったら、いっしょに行きますよ。

① たくさん　　② 本当に　　③ とても　　④ けっこう

10 アントニオは料理が上手です。（　　）レストランのシェフみたいです。

① まるで　　② とても　　③ ちょうど　　④ きっと

11	忙しいのに、（　　）会いに来てくれてありがとう。

①やっと　　　　②ついに　　　　③せっかく　　　　④わざわざ

12	日本での生活が（　　）終わります。来月国へ帰ります。

①さっき　　　　②さっそく　　　　③そろそろ　　　　④いろいろ

13	［子どもに］（　　）大きくなったね。びっくりしちゃった。

①たいへん　　　　②たくさん　　　　③もう　　　　④ずいぶん

14	私は（　　）朝にシャワーを浴びます。

①いつも　　　　②とても　　　　③あまり　　　　④全然

15	（　　）こっちに来い！

①ちょっと　　　　②少し　　　　③ぜひ　　　　④さっそく

16	昨日は（　　）帰ったので、家族と一緒に晩ご飯を食べることができませんでした。

①ゆっくり　　　　②まっすぐ　　　　③遅く　　　　④そろそろ

第4章

17	鈴木さんが（　　）来ていません。

①もう　　　　②まだ　　　　③全然　　　　④なかなか

18	A「このシャツ、980円だって。安くない？」　B「（　　）安いね」

①きっと　　　　②たしか　　　　③たしかに　　　　④必ず

19	（　　）覚えたばかりなのに、もう忘れてしまいました。

①いつも　　　　②もう　　　　③いつか　　　　④さっき

20	公園で子どもたちが（　　）遊んでいます。

①とても　　　　②あまりにも　　　　③おおぜい　　　　④だんだん

―第3回― （　　）に入れるのにもっとも自然なものを、一つ選んでください。
だい　かい　　　　　い　　　　　　　　　　　　　　しぜん　　　　　　　ひと　えら

1　新しい家へ引っ越しました。今度、（　　）遊びに来てください。
　　あたら　いえ　ひ　こ　　　　　　こんど　　　　　　あそ　　き

　　① たぶん　　　　② きっと　　　　③ ぜひ　　　　④ たしかに

2　イタリアへ行ってきました。（　　）楽しかったです。
　　　　　　　　　　い　　　　　　　　　　　たの

　　① 本当に　　　　② たくさん　　　③ どんなに　　④ きっと
　　ほんとう

3　A「昼ご飯、（　　）食べた?」　B「ううん、まだ食べてない」
　　　　ひる　はん　　　　　　た　　　　　　　　　　　　　　た

　　① まだ　　　　　② すでに　　　　③ さっき　　　④ もう

4　A「今、時間ある?」　B「うん。（　　）休もうと思っていたところだよ」
　　　　いま　じかん　　　　　　　　　　　　やす　　　　おも

　　① もちろん　　　② ちょうど　　　③ いつか　　　④ やっぱり

5　家族のために、（　　）働きます。
　　かぞく　　　　　　　　はたら

　　① 速く　　　　　② まっすぐ　　　③ わざわざ　　④ 一生懸命
　　はや　　　　　　　　　　　　　　　　　　　　　　いっしょうけんめい

6　いつだったか覚えていませんが、（　　）会ったことがあると思います。
　　　　　　　　おぼ　　　　　　　　　　　　あ　　　　　　　　　おも

　　① いつも　　　　② いつか　　　　③ さっき　　　④ ちょうど

7　よく話す人より、（　　）静かな人の方が好きです。
　　はな　ひと　　　　　　しず　ひと　ほう　す

　　① むしろ　　　　② とても　　　　③ もっと　　　④ ずっと

8　教室を出るときは、（　　）電気を消してください。
　　きょうしつ　で　　　　　　　でんき　け

　　① たぶん　　　　② きっと　　　　③ たしか　　　④ 必ず
　　　　　　　　　　　　　　　　　　　　　　　　　　かなら

9　最初はカタカナが（　　）読めませんでした。
　　さいしょ　　　　　　　　　よ

　　① 全然　　　　　② たいへん　　　③ とても　　　④ たくさん
　　ぜんぜん

10　捨てたいのに、本や雑誌が（　　）捨てられません。
　　す　　　　　　　ほん　ざっし　　　　　す

　　① 決して　　　　② やっと　　　　③ ぜひ　　　　④ どうしても
　　けっ

11 ダンスは苦手でしたが、練習したら（　　）できるようになりました。

① ますます　　② たいてい　　③ だんだん　　④ ほとんど

12 父は、出張に行くと、お土産を（　　）買ってきてくれます。

① とても　　② たくさん　　③ おおぜい　　④ もっと

13 （　　）勉強しても、日本語が上手になりません。

① いくら　　② とても　　③ わざわざ　　④ あまりにも

14 A「今日、（　　）昼ご飯を食べに行かない?」　B「いいよ」

① いつも　　② いっしょに　　③ いろいろ　　④ せっかく

15 A「昨日見た映画、どうだった?　怖かった?」　B「ううん。（　　）怖くなかったよ」

① ずいぶん　　② とても　　③ 全然　　④ たくさん

16 今より（　　）走れるように、毎日練習しています。

① 急に　　② さっそく　　③ すぐ　　④ 速く

17 子どもたちが家へ帰ると、公園が（　　）静かになりました。

① いよいよ　　② もう　　③ 早く　　④ 急に

18 冬は、東京よりソウルの方が（　　）寒いです。

① いちばん　　② もっとも　　③ とても　　④ もっと

19 おにぎりは、冷蔵庫に入れると（　　）固くなります。

① すぐ　　② さっそく　　③ まっすぐ　　④ 速く

20 このアニメは（　　）おもしろいと思います。

① たくさん　　② だいたい　　③ 必ず　　④ とても

第4章

―第**4**回― （　　）に入れるのにもっとも自然なものを、一つ選んでください。
だい　かい　　　　　　い　　　　　　　しぜん　　　　　　ひと　えら

1　野菜を（　　）食べてください。
　　　やさい　　　　　た

　　①とても　　　　②たくさん　　　③おおぜい　　　④まったく

2　季節の中で、夏が（　　）好きです。
　　　きせつ　なか　　なつ　　　　　す

　　①たくさん　　　②もっと　　　　③とても　　　　④いちばん

3　忙しくて、日曜日も（　　）休めません。
　　　いそが　　　にちようび　　　　やす

　　①とても　　　　②ずいぶん　　　③どんどん　　　④なかなか

4　今まで誰にも言いませんでしたが、（　　）テレビに出たことがあります。
　　　いま　だれ　　い　　　　　　　　　　　　　　　　　で

　　①やっぱり　　　②どうも　　　　③実は　　　　　④さっき
　　　　　　　　　　　　　　　　　　じつ

5　よくなると思って薬を飲んだら、（　　）体調が悪くなってしまいました。
　　　　　　　おも　くすり　の　　　　　たいちょう　わる

　　①いよいよ　　　②やっと　　　　③かえって　　　④やっぱり

6　ひらがなとカタカナは（　　）読むことができます。
　　　　　　　　　　　　　　　よ

　　①とても　　　　②たいてい　　　③ずいぶん　　　④だいたい

7　（　　）図書館の前でジョエルさんに会いました。
　　　　　としょかん　まえ　　　　　　　　あ

　　①そろそろ　　　②さっき　　　　③いつも　　　　④すぐ

8　（　　）寒くても、毎朝アイスコーヒーを飲みます。
　　　　　さむ　　　まいあさ　　　　　　　　の

　　①だんだん　　　②たくさん　　　③せっかく　　　④どんなに

9　昨日も暑かったですが、今日の方が（　　）暑いです。
　　　きのう　あつ　　　　　きょう　ほう　　　　あつ

　　①もっと　　　　②いちばん　　　③とても　　　　④ますます

10　子どものときからアニメが好きでしたが、日本に来て（　　）好きになりました。
　　　　こ　　　　　　　　　　　す　　　　　にほん　き　　　　　す

　　①だんだん　　　②どんどん　　　③ますます　　　④そろそろ

11 うわっ、（　　）食べたね。お腹大丈夫？

　①たいへん　　②ずいぶん　　③もう　　④やっと

12 A「あの本、（　　）読んだ？」　B「うん。読んだよ」

　①もう　　②まだ　　③いつか　　④いつも

13 ［店員が客に］（　　）申し訳ございません。

　①すごく　　②たいへん　　③ずっと　　④たくさん

14 スピーチ・コンテストで1位になりました。（　　）夢のようです。

　①あまりにも　　②もちろん　　③まるで　　④とても

15 テレビは（　　）見ません。

　①ほとんど　　②だいたい　　③だんだん　　④だいぶ

16 この薬は、（　　）ご飯を食べてから飲んでください。

　①ぜひ　　②きっと　　③必ず　　④たしか

17 お酒はあまり好きじゃありませんが、（　　）ワインを飲むことがあります。

　①あまり　　②全然　　③いつも　　④ときどき

18 日本の映画を（　　）見ています。

　①とても　　②いろいろ　　③どんなに　　④いつか

19 A「遊びに行かない？」　B「ごめん。（　　）レポートが終わってなくて…」

　①まだ　　②とても　　③もう　　④すでに

20 （　　）準備しないと、遅れるよ！

　①早く　　②急に　　③さっそく　　④ますます

さくいん

本書で紹介した副詞を五十音順に並べたリストです。番号はページ数です。該当ページを見て、使い方を確認しましょう。見出しになっている場合は太字で示します。

参考資料

市川保子（編著）浅山友貴・荒巻朋子・板井美佐・太田陽子・坂本まり子・杉本ろここ・副島昭夫・田代ひとみ・野田景子・本郷智子（著）『日本語誤用辞典：外国人学習者の誤用から学ぶ 日本語の意味用法と指導のポイント』（2010、スリーエーネットワーク）

グループ・ジャマシイ（編著）『日本語文型辞典 改訂版』（2023、くろしお出版）

小山恵美子・吉田則子・渡辺摂（著）『すぐに使える実践日本語シリーズ 3 くらべておぼえる 副詞（初・中級）』（1993、専門教育出版）

小山恵美子・渡辺摂（著）『すぐに使える実践日本語シリーズ 4 広がる深まる 副詞（上級）』（1993、専門教育出版）

飛田良文・浅田秀子（著）『現代副詞用法辞典』（1994、東京堂出版）

飛田良文・浅田秀子（著）『現代形容詞用法辞典』（1991、東京堂出版）

飛田良文・浅田秀子（著）『現代擬音語擬態語用法辞典』（2002、東京堂出版）

森田良行（著）『基礎日本語辞典』（1989、株式会社KADOKAWA）

渡辺実（著）『さすが！日本語』（2001、筑摩書房）

日本語学習辞書支援グループ
「日本語教育語彙表 ver1.0（http://jhlee.sakura.ne.jp/JEL.html）」（2015）

【著者紹介】

朴　秀娟（ぱく　すよん）

神戸女学院大学文学部准教授。大阪大学大学院文学研究科博士後期課程修了（博士（文学））。神戸大学グローバル教育センター（旧留学生センター）を経て現職。専門は、日本語学・日本語教育学。副詞の意味・用法の記述、日本語教育の視点を取り入れた副詞研究に取り組んでいる。

イメージでわかる！ 日本語の副詞
（初級・中級）

2024年12月18日　初版第1刷発行

著者	朴秀娟
イラスト	うてのての
翻訳	小礒美加、桐明忍、Shameera Muditha Namadawewa（英語）
	株式会社アミット（中国語）、Nguyen Thi Ai Tien（ベトナム語）
DTP	株式会社あるむ
印刷・製本	日経印刷株式会社
編集	秦野由衣、泉菜摘
装丁・本文デザイン	藤原由貴
発行人	天谷修身
発行	株式会社アスク
	〒162-8558　東京都新宿区下宮比町2-6
	TEL: 03-3267-6864　FAX: 03-3267-6867

アンケートにご協力ください（https://www.ask-books.com/support/）

第1章
<ruby>第<rt>だい</rt></ruby>1<ruby>章<rt>しょう</rt></ruby>

1 とても・あまり

確認問題 <ruby>確認問題<rt>かくにんもんだい</rt></ruby> p.19

Q1

1 とても

「楽しい」の程度が高いです。肯定文です。
<ruby>楽<rt>たの</rt></ruby>　<ruby>程度<rt>ていど</rt></ruby>　<ruby>高<rt>たか</rt></ruby>　<ruby>肯定文<rt>こうていぶん</rt></ruby>

2 あまり

「楽しい」の程度が高くないです。否定文です。
<ruby>楽<rt>たの</rt></ruby>　<ruby>程度<rt>ていど</rt></ruby>　<ruby>高<rt>たか</rt></ruby>　<ruby>否定文<rt>ひていぶん</rt></ruby>

Q2

1 あまり

「広い」の程度が高くないです。否定文です。
<ruby>広<rt>ひろ</rt></ruby>　<ruby>程度<rt>ていど</rt></ruby>　<ruby>高<rt>たか</rt></ruby>　<ruby>否定文<rt>ひていぶん</rt></ruby>

2 とても

「便利（な）」の程度が高いです。肯定文です。
<ruby>便利<rt>べんり</rt></ruby>　<ruby>程度<rt>ていど</rt></ruby>　<ruby>高<rt>たか</rt></ruby>　<ruby>肯定文<rt>こうていぶん</rt></ruby>

3 とても

「難しい」の程度が高いです。肯定文です。
<ruby>難<rt>むずか</rt></ruby>　<ruby>程度<rt>ていど</rt></ruby>　<ruby>高<rt>たか</rt></ruby>　<ruby>肯定文<rt>こうていぶん</rt></ruby>

2 たくさん・少し・あまり・全然
<ruby>少<rt>すこ</rt></ruby>し　<ruby>全然<rt>ぜんぜん</rt></ruby>

確認問題 <ruby>確認問題<rt>かくにんもんだい</rt></ruby> p.22

Q1

1 たくさん

お酒の瓶（bottle ／瓶／ chai, lọ）が多いです。
<ruby>酒<rt>さけ</rt></ruby>　<ruby>瓶<rt>びん</rt></ruby>　<ruby>多<rt>おお</rt></ruby>
肯定文です。
<ruby>肯定文<rt>こうていぶん</rt></ruby>

2 あまり

お酒の瓶（bottle ／瓶／ chai, lọ）が多くないで
<ruby>酒<rt>さけ</rt></ruby>　<ruby>瓶<rt>びん</rt></ruby>　<ruby>多<rt>おお</rt></ruby>
す。否定文です。
<ruby>否定文<rt>ひていぶん</rt></ruby>

3 全然
<ruby>全然<rt>ぜんぜん</rt></ruby>

お酒の瓶（bottle ／瓶／ chai, lọ）がありません。
<ruby>酒<rt>さけ</rt></ruby>　<ruby>瓶<rt>びん</rt></ruby>
ジュースを飲んでいます。
<ruby>飲<rt>の</rt></ruby>

4 少し
<ruby>少<rt>すこ</rt></ruby>

お酒の瓶（bottle ／瓶／ chai, lọ）が多くないで
<ruby>酒<rt>さけ</rt></ruby>　<ruby>瓶<rt>びん</rt></ruby>　<ruby>多<rt>おお</rt></ruby>
す。肯定文です。
<ruby>肯定文<rt>こうていぶん</rt></ruby>

Q2

1 たくさん

プレゼントが多いです。「全然」は否定文で使い
<ruby>多<rt>おお</rt></ruby>　<ruby>全然<rt>ぜんぜん</rt></ruby>　<ruby>否定文<rt>ひていぶん</rt></ruby>　<ruby>使<rt>つか</rt></ruby>
ます。

2 あまり

友達が少ないです。否定文です。
<ruby>友達<rt>ともだち</rt></ruby>　<ruby>少<rt>すく</rt></ruby>　<ruby>否定文<rt>ひていぶん</rt></ruby>

3 あまり

お金はありますが、少ないです。
<ruby>金<rt>かね</rt></ruby>　<ruby>少<rt>すく</rt></ruby>

3 いつも・ときどき・あまり・全然
<ruby>全然<rt>ぜんぜん</rt></ruby>

確認問題 <ruby>確認問題<rt>かくにんもんだい</rt></ruby> p.26

Q1

1 ときどき

宿題を忘れるときも忘れないときもあります。
<ruby>宿題<rt>しゅくだい</rt></ruby>　<ruby>忘<rt>わす</rt></ruby>　<ruby>忘<rt>わす</rt></ruby>

2 全然
<ruby>全然<rt>ぜんぜん</rt></ruby>

宿題を忘れたことがありません。否定文です。
<ruby>宿題<rt>しゅくだい</rt></ruby>　<ruby>忘<rt>わす</rt></ruby>　<ruby>否定文<rt>ひていぶん</rt></ruby>

3 いつも

宿題を毎回忘れます。
<ruby>宿題<rt>しゅくだい</rt></ruby>　<ruby>毎回忘<rt>まいかいわす</rt></ruby>

4 あまり

宿題を忘れるときも忘れないときもあります。否
<ruby>宿題<rt>しゅくだい</rt></ruby>　<ruby>忘<rt>わす</rt></ruby>　<ruby>忘<rt>わす</rt></ruby>　<ruby>否<rt>ひ</rt></ruby>
定文です。
<ruby>定文<rt>ていぶん</rt></ruby>

Q2

1 いつも

肯定文です。毎日ヨガをします。
<ruby>肯定文<rt>こうていぶん</rt></ruby>　<ruby>毎日<rt>まいにち</rt></ruby>

2 ときどき

帰るとき、一人のときも一人じゃない（＝友達と
<ruby>帰<rt>かえ</rt></ruby>　<ruby>一人<rt>ひとり</rt></ruby>　<ruby>一人<rt>ひとり</rt></ruby>　<ruby>友達<rt>ともだち</rt></ruby>
帰る）ときもあります。
<ruby>帰<rt>かえ</rt></ruby>

3 全然
<ruby>全然<rt>ぜんぜん</rt></ruby>

卒業してから今まで会っていません。久しぶりに
<ruby>卒業<rt>そつぎょう</rt></ruby>　<ruby>今<rt>いま</rt></ruby>　<ruby>会<rt>あ</rt></ruby>　<ruby>久<rt>ひさ</rt></ruby>
会います。否定文です。
<ruby>会<rt>あ</rt></ruby>　<ruby>否定文<rt>ひていぶん</rt></ruby>

④ もう・まだ

Q1

1 まだ

バスが「来た」状態に到達していません。

2 もう

バスが「来た」状態に到達しています。

Q2

1 もう

「帰った」状態に到達しています。

2 まだ

「北海道に行く」という状態に到達していません。

⑤ 早く・遅く

確認問題 p.31

Q1

1 遅く

いつも18時に帰ります。でも、今日はそれより後の時間に帰りました。

2 早く

いつも18時に帰ります。でも、今日はそれより前の時間に帰りました。

Q2

1 早く

疲れているので、いつもより早い時間に寝ます。

2 遅く

約束の時間に間に合いませんでした。仕事が終わった時間が遅かったからです。

⑥ 速く・遅く

確認問題 p.33

Q1

1 遅く

話すのが遅いです。

2 速く

話すのが速いです。

Q2

1 遅く

「歩いていないで、走りなさい」と言われました。走るのが遅かったからです。

2 速く

泳ぐのが速くなりました。

⑦ たぶん・きっと

確認問題 p.35

Q1

1 たぶん

怒っていると信じている程度が低いです。

2 きっと

怒っていると信じている程度が高いです。

Q2

1 きっと

大丈夫だと信じている程度が高いです。また、大丈夫だという期待も入っています。

2 たぶん

来ないと信じている程度は高くないです。「書き終わっていたら来るかもしれないけどね」と言っています。

第2章

1 とても・すごく・たいへん

確認問題　p.39

Q1

1 a. △　b. ×　c. ○

電車のアナウンスでは丁寧に話すので、「たいへん」がいちばんいい副詞です。丁寧に話すときもカジュアルに話すときも使う「とても」は、いちばんじゃないけど使えます。

2 a. △　b. ○　c. ×

友達とカジュアルに話しているので、「すごく」がいちばんいい副詞です。丁寧に話すときもカジュアルに話すときも使う「とても」は、いちばんじゃないけど使えます。

Q2

1 すごく

友達とカジュアルに話すときは「すごく」を使います。

2 たいへん

レポートを書くときは「とても」ではなく「たいへん」を使います。

2 もっと・ずっと

確認問題　p.41

1 もっと

アップルマートもKマートも牛乳が安いですが、くらべてみると、Kマートの方が安いです。

2 ずっと

今日見た映画の方がおもしろかったです。昨日見た映画はおもしろくなかったです。

3 ずいぶん・かなり・だいぶ・けっこう

確認問題　p.43

1 かなり

「（家賃が）高い」の程度が高いことを表します。驚いている気持ちはありません。

2 けっこう

大変だと思っていました。でも、大変じゃありませんでした。思っていたことと違います。

4 たくさん・おおぜい

確認問題　p.45

1 どちらでもいい

人の数を言うときは、どちらも使えます。

2 たくさん

ものの数を言うときは、「たくさん」しか使えません。

5 少し・ちょっと

確認問題　p.47

1 ちょっと

友達とカジュアルに話すときは、「ちょっと」の方が自然です。

2 どちらでもいい

丁寧に話すときは、どちらも自然です。

6 全然・まったく

確認問題　p.49

1 全然

友達とカジュアルに話すときは、「全然」の方が自然です。

2 まったく

作文のように、書くときは、「まったく」の方が自然です。

3 どちらでもいい

丁寧（ていねい）に話（はな）すときは、どちらも使（つか）えます。

7 だいたい・たいてい・ほとんど

確認問題（かくにんもんだい） p.51

1 だいたい、たいてい、ほとんど

どれも頻度（ひんど）が高（たか）いことを表（あらわ）します。

2 ほとんど

「だいたい」「ほとんど」は、頻度（ひんど）だけじゃなく、量（りょう）も表（あらわ）すことができます。でも、「だいたい」は肯定文（こうていぶん）でしか使（つか）うことができません。

8 もう・すでに

確認問題（かくにんもんだい） p.53

1 すでに

電車（でんしゃ）が出発（しゅっぱつ）したのは過去（かこ）です。書（か）くときは「すでに」を使（つか）います。

2 もう

宿題（しゅくだい）ができたのは過去（かこ）です。話（はな）すときは「もう」を使（つか）います。

3 もう

今日（きょう）、夏休（なつやす）みになりました。現在（げんざい）のことなので「もう」を使（つか）います。

9 だんだん・どんどん・ますます

確認問題（かくにんもんだい） p.55

1 どんどん

「どんどん」は動作（どうさ）にも使（つか）えます。「食（た）べる」は動作（どうさ）です。

2 だんだん、どんどん

にぎやかな状態（じょうたい）に変（か）わっています。さっきまで静（しず）かだったので、さらに高（たか）い程度（ていど）を表（あらわ）す「ますます」は使（つか）えません。

10 やっと・ついに・とうとう・いよいよ

確認問題（かくにんもんだい） p.57

1 やっと

勉強（べんきょう）を頑張（がんば）ったので、合格（ごうかく）することができました。

2 とうとう

病気（びょうき）は残念（ざんねん）なことです。

3 いよいよ

これから留学（りゅうがく）します。残念（ざんねん）な気持（きも）ちはありません。

11 さっそく・すぐ

確認問題（かくにんもんだい） p.59

1 どちらでもいい

後（あと）に動作（どうさ）がくるとき、どちらも使（つか）えます。「帰（かえ）る」は動作（どうさ）です。

2 すぐ

後（あと）に状態（じょうたい）がくるとき、「すぐ」しか使（つか）えません。「わかる」は状態（じょうたい）です。

12 ぜひ・必（かなら）ず・きっと

確認問題（かくにんもんだい） p.61

1 必（かなら）ず

太陽（たいよう）はいつも東（ひがし）からのぼります。

2 ぜひ

誘（さそ）っています（≒依頼（いらい）しています）。

3 きっと

コートがないので、外（そと）に出（で）かけたと強（つよ）く信（しん）じています。100%正（ただ）しいとは言（い）えません。

13 せっかく・わざわざ

確認問題（かくにんもんだい） p.63

1 どちらでもいい

早（はや）く起（お）きてお弁当（べんとう）を作（つく）ったことは、いいことだと

も、大変なことだとも言えます。

2 せっかく

「いい天気だ」は状態です。状態のときは、「せっかく」しか使えません。

14 きっと・たしかに

確認問題 p.65

1 きっと

「キムくんはいつも夜にゲームをしている」という状況から、寝坊したと予想しています。

2 たしかに

メニューに書いてある値段を見て「高い」と言っています。

15 むしろ・かえって

確認問題 p.67

1 むしろ

今日の天気について、「暖かい」と「暑い」の中から「暑い」を選びました。選ぶ前に、期待や予想はしていません。

2 かえって

運動をしたら痩せると思っていました。でも、体重が増えました。期待や予想と反対です。

コラム②

p.68

「それがなかなかね…。」

　　　：なかなか体重が減らない。

「あ、やっぱり。」

　　　：やっぱり痩せていない。

「もちろん。」

　　　：もちろん甘いものは減らした方がいい。

「全然。」

　　　：全然話せない。

「じゃ、私はそろそろ…」

　　　：そろそろ帰る。

第3章

1 あまりに・あまりにも

1 あまりにも
「(値段が) 高い」の程度が高いことを表します。

2 あまり
否定文です。「おいしい」の程度が高くないことを表します。

2 いちばん

確認問題 p.71

1 いちばん
クラスには人がたくさんいます。その中で程度がもっとも高いことを言うときは、「いちばん」を使います。

2 いちばん
スポーツはいろいろあります。その中で程度がもっとも高いことを言うときは、「いちばん」を使います。

3 ずっと
海と山の二つをくらべています。二つをくらべて、程度に差があることを言うときは「ずっと」を使います。

3 いつか

確認問題 p.72

1 いつか
いつ行くかわかりません。

2 いつも
毎日人が多いです。

3 いつか
いつ会ったか覚えていませんが、昔会ったことがあります。

4 さっき

確認問題 p.73

1 さっき
おもしろい話を聞いたときが今より少し前の時間であることを表します。

2 もう
「開いている」状態に到達していることを表します。

5 いっしょに

確認問題 p.74

1 いっしょに
同じ動作をすることを表します。

2 どちらでもいい
「いっしょに」を使うと、同じ動作をすることを表します。毎回かどうかはわかりません。「いつも」を使うと、日曜日は毎回姉と買い物に行くことを表します。

6 はじめて

確認問題 p.75

1 はじめて
10歳になるまで映画館で映画を見たことがありません。最初の経験です。

2 まず
順番を表します。

7 まっすぐ

確認問題 p.76

1 まっすぐ
直線のような形で立っていられないことを表します。

2 どちらでもいい
「まっすぐ」を使うと、机を並べる形を表します。

7

「すぐ」を使うと、机を並べる時間を表します。

8 一生懸命

確認問題 p.77

1 どちらでもいい

「一生懸命」を使うと「熱心に練習する」ことを表します。「まじめに (seriously, honestly／认真的／Nghiêm túc)」を使っても同じことを表します。

2 まじめに

彼は冗談ばかり言っています。答えるときの様子がまじめではありません。

9 いろいろ

確認問題 p.78

1 どちらでもいい

ビュッフェは、食べ物と飲み物の種類と量がどちらも多いです。

2 たくさん

学生の数が多いです。

10 そろそろ

確認問題 p.79

1 どちらでもいい

「そろそろ」を使うと、会議の時間に近づいていることを表します。「もう」を使うと、会議を始める時間に到達していることを表します。

2 もう

過去のことです。

11 急に

確認問題 p.80

1 急に

思っていなかったことが起こりました。

2 すぐ

出かけることは、決めていることです。思っていなかったことではありません。

12 どうも

確認問題 p.81

1 どうも

明日雨が降るかどうか確かではありません。でも、鈴木さんが雨が降ると言っていました。

2 たぶん

信じている程度は低いですが、探してくれると思っています。そのように考えた理由があるかどうかはわかりません。

13 いくら・どんなに

確認問題 p.82

1 いくら

お金がどのくらい必要か聞いています。

2 どちらでもいい

「安い」の程度が高くても、買わないと決めたことは変わりません。

14 やっぱり

確認問題 p.83

1 やっぱり

予想と同じでした。

2 どちらでもいい

「やっぱり」を使うと、富士山を見たことがあります。そのときからきれいだと思っていたことを表します。「きっと」を使うと、富士山を見たことがありません。でも、きれいだろうと強く信じていることを表します。

15 本当に

確認問題　p.84

1 どちらでもいい
「本当に」を使うと、暑いことが嘘ではないことを表します。「とても」を使うと、「暑い」の程度が高いことを表します。

2 本当に
宇宙人がいることが本当かどうか聞いています。程度ではありません。

16 実は

確認問題　p.85

1 実は
今まで言っていなかったことです。

2 どちらでもいい
「実は」を使うと、トマトが苦手であることをこれまで隠していたことを表します。「本当に」を使うと、トマトが苦手であることが嘘ではないことを表します。

3 本当に
「誰にも言わないでね」は、隠していたことや、これまで言っていなかったことではありません。「本当に」を使って、「誰にも言わない」ということが嘘ではないことを表します。

17 もちろん

確認問題　p.86

1 もちろん
傘を貸すことが当たり前である気持ちを表します。

2 どちらでもいい
「もちろん」を使うと、寒いのが当たり前である気持ちを表します。「やっぱり」を使うと、前から寒いと予想していたことを表します。

18 ちょうど

確認問題　p.87

1 ちょうど
阿部さんも王さんと同じように、暑いと思っていました。

2 ちょうど
バーベキューの日と、用事がある日が一致しました。

19 まるで

確認問題　p.88

1 まるで
ホセさんは歌手ではありません。でも、歌手のように歌が上手です。

2 まるで
ここはハワイではありません。でも、ウクレレの音を聞いていると、ハワイにいるような気持ちになります。

20 なかなか

確認問題　p.89

1 どちらでもいい
「なかなか」を使うと、運動して痩せたいけど簡単に痩せないことを表します。「全然」を使うと、痩せる量がゼロであることを表します。

2 なかなか
バスが来ると思って待っていました。でも、その期待が実現しません。

21 どうしても

確認問題　p.90

1 どうしても
どんなに頑張っても思い出せないことを表します。「どうして」は理由を聞くときに使います。

2 どうして

牛乳を飲まない理由を聞いています。

3 どうしても

どんなに頑張っても漢字が覚えられないことを表します。「どうして」は理由を聞くときに使います。

22 決して

確認問題 p.91

1 決して

禁止を表す文です。

2 どちらでもいい

「決して」を使うと、悪い人じゃないという気持ちを強く表します。「全然」を使うと、「悪い」の程度がない（＝ゼロである）ことを表します。

第4章

第1回 総合練習問題

解答

1 ③	2 ③	3 ④	4 ①	5 ②
6 ①	7 ②	8 ③	9 ②	10 ④
11 ②	12 ②	13 ①	14 ①	15 ②
16 ③	17 ④	18 ②	19 ①	20 ②

解説

1 ③

すぐ会議を始めます。
(➡ p.58)

2 ③

程度が高くないです。否定文です。
(➡ p.18)

3 ④

当たり前である気持ちを表します。
(➡ p.86)

4 ①

また会えるかどうかわかりません。でも、また会えると強く信じています。
(➡ p.34)

5 ②

確かではありませんが、体が熱いので熱があるかもしれないと思っています。
(➡ p.81)

6 ①

小さいものは軽いと思っていました。でも、予想と違って、重かったです。
(➡ p.42)

7 ②

いい家を見つけるのが簡単ではありません。
(➡ p.89)

8 ③

力強く進んでいる様子を表します。動きです。
(➡ p.54)

9 ②

本の数が多いことを表します。本はものです。
(➡ p.20)

10 ④

弟はゲームが好きなので、電話する前から弟は
ゲームセンターにいると思っていました。
(➡ p.83)

11 ②

ドラマが終わって残念だと思っています。
(➡ p.56)

12 ②

10分だけ寝ます。肯定文です。
(➡ p.46)

13 ①

涼しくなったことをいいことだと思っています。状
態です。
(➡ p.62)

14 ①

理由の種類が多いことを表します。
(➡ p.78)

15 ②

話すときは「もう」を使います。また、起きる時
間になったのは今です。
(➡ p.28)

16 ③

いつになるかわかりません。
(➡ p.72)

17 ④

最初の経験を表します。順番ではありません。
(➡ p.75)

18 ②

姉と私とどちらが背が高いかくらべています。
(➡ p.40)

19 ①

程度が高いことを表します。
(➡ p.70)

20 ②

毎回助けてくれたことを表します。
(➡ p.24)

第2回　総合練習問題

pp.96-97

解答

1 ③	**2** ③	**3** ④	**4** ①	**5** ④
6 ①	**7** ①	**8** ①	**9** ②	**10** ①
11 ④	**12** ③	**13** ④	**14** ①	**15** ①
16 ③	**17** ②	**18** ③	**19** ④	**20** ③

解説

1 ③

程度が高いことを表します。
(➡ p.70)

2 ③

話すときは「もう」を使います。また、8時になっ
たのは今です。
(➡ p.28)

3 ④

頻度が低いことを表します。否定文です。
（→ p.25）

4 ①

都会と田舎とどちらの家賃が高いかくらべてい
ます。
（→ p.40）

5 ④

確かではありませんが、変な味がするので腐って
いるかもしれないと思っています。
（→ p.81）

6 ①

程度が高いことを表します。カジュアルに話して
います。
（→ p.38）

7 ①

タバコをやめるために頑張っていますが、やめら
れないことを表します。
（→ p.90）

8 ①

走るときの方向が直線のようであることを表しま
す。
（→ p.76）

9 ②

一人で行っても大丈夫であることが嘘ではないの
かを表します。量や程度は表していません。
（→ p.84）

10 ①

シェフのように料理が上手であることを表します。
本当のシェフではありません。
（→ p.88）

11 ④

忙しいので、会いに来るのは大変なことです。
（→ p.62）

12 ③

日本での生活が終わるときに近づいていること
を表します。
（→ p.79）

13 ④

思っていたより程度が高かったことを表します。
驚いています。
（→ p.42）

14 ①

毎日、朝にシャワーを浴びています。
（→ p.24）

15 ①

命令文です。程度や量が少ないことは表してい
ません。
（→ p.46）

16 ③

帰った時間が遅かったことを表します。
（→ p.30）

17 ②

鈴木さんが「来ている」状態に到達していないこ
とを表します。
（→ p.28）

18 ③

間違いなく安いことを表します。 値段がわかり
ます。
（→ p.64）

19 ④

覚えた時間が今より少し前であったことを表します。
（→ p.73）

20 ③

子どもの数が多いことを表します。
(→ p.44)

第3回　総合練習問題

pp.98-99

解答

1 ③	**2** ①	**3** ④	**4** ②	**5** ④
6 ②	**7** ①	**8** ④	**9** ①	**10** ④
11 ③	**12** ②	**13** ①	**14** ②	**15** ③
16 ④	**17** ④	**18** ④	**19** ①	**20** ④

解説

1 ③

誘っています（≒依頼しています）。
(→ p.60)

2 ①

楽しかった気持ちが嘘ではないことを表します。
(→ p.84)

3 ④

昼ご飯を「食べた」状態に到達しているかを聞いています。話すときは「もう」を使います。
(→ p.28)

4 ②

休もうと思っていた時間と一致していることを表します。
(→ p.87)

5 ④

熱心に働いている様子を表します。
(→ p.77)

6 ②

いつだったかはっきりわかりません。
(→ p.72)

7 ①

よく話す人と静かな人をくらべて、静かな人を選びました。
(→ p.66)

8 ④

教室を出るとき、毎回電気を消します。
(→ p.60)

9 ①

否定文です。読めるひらがなが一つもありませんでした。
(→ p.48)

10 ④

捨てたいと思ってどんなに頑張っても捨てられないことを表します。
(→ p.90)

11 ③

少しずつダンスができる状態になっています。
(→ p.54)

12 ②

お土産の数が多いことを表します。
(→ p.20)

13 ①

勉強の量が多くても日本語が上手にならないことを表します。
(→ p.82)

14 ②

同じ動作をすることを表します。
(→ p.74)

15 ③

程度がない（＝ゼロである）ことを表します。
（➡ p.48）

16 ④

今とくらべて走るのが速いことを表します。
（➡ p.32）

17 ④

うるさかった公園が、短い時間で静かになりました。
（➡ p.80）

18 ④

冬、東京とソウルとどちらが寒いかくらべています。
（➡ p.40）

19 ①

おにぎりを冷蔵庫に入れたあと、固くなるまでの時間が短いことを表します。
（➡ p.58）

20 ④

程度が高いことを表します。
（➡ p.18）

▌第4回　総合練習問題

pp.100-101

解答

1 ②	**2** ④	**3** ④	**4** ③	**5** ③
6 ④	**7** ②	**8** ④	**9** ①	**10** ③
11 ②	**12** ①	**13** ②	**14** ③	**15** ①
16 ③	**17** ④	**18** ②	**19** ①	**20** ①

解説

1 ②

野菜の量が多いことを表します。
（➡ p.20）

2 ④

程度がもっとも高いことを表します。
（➡ p.71）

3 ④

否定文です。日曜日は休みたいですが、休むことができないことを表します。
（➡ p.89）

4 ③

誰にも言っていなかったことです。
（➡ p.85）

5 ③

期待と反対のことが起こりました。
（➡ p.66）

6 ④

全部ではありませんが、読める文字が多いことを表します。
（➡ p.50）

7 ②

過去にあったことです。
（➡ p.73）

8 ④

寒いことがアイスコーヒーを飲むことに影響しないことを表します。
（➡ p.82）

9 ①

昨日と今日とどちらが暑いかくらべています。
（➡ p.40）

10 ③

好きでしたが、さらに好きになりました。
（→ p.54）

11 ②

食べた量が多かったことを表します。驚いています。
（→ p.42）

12 ①

「あの本」を「読んだ」状態に到達しているかどうか聞いています。
（→ p.28）

13 ②

程度が高いことを表します。丁寧に話しています。
（→ p.38）

14 ③

夢ではありません。本当のことです。でも、本当のことだと思えないほどうれしいです。
（→ p.88）

15 ①

頻度が高くないことを表します。否定文です。
（→ p.50）

16 ③

毎回ご飯を食べてから薬を飲みます。
（→ p.60）

17 ④

ワインは飲みますが、飲むときと飲まないときがあります。
（→ p.24）

18 ②

見ている映画の種類が多いことを表します。
（→ p.78）

19 ①

レポートが「終わった」状態に到達していません。
（→ p.28）

20 ①

遅れる前に準備しなければならないことを表します。
（→ p.30）